ÉDITORIAL

FÉVRIER 2025

W0185580

Le temps des éveilleurs

Il semblerait que février soit un mois ordinaire, puisque le Carême s'ouvre en mars. Pourtant, quelle belle occasion de commencer ces 28 jours avec la célébration de la Présentation du Seigneur. L'Enfant Jésus ne parle pas, mais les paroles et les gestes de ceux qui l'entourent manifestent leur foi et leur espérance. Syméon et Anne veillent depuis longtemps dans le Temple et la venue de Jésus comble leur attente. Le vieillard chante sa prière en entonnant le *Nunc dimittis.* De veilleurs qu'ils étaient, les voilà éveilleurs de la foi de tous ceux qui prient comme eux et s'en remettent dans la confiance à celui qui vient parmi nous, l'Emmanuel. Ils sont nombreux aujourd'hui à veiller sur nous comme les forces armées et de sécurité, les artistes et les diacres qui vivront leur démarche jubilaire à Rome en février. Ce sont des éveilleurs au respect d'autrui, à la beauté des êtres et de la Création, et à l'attention envers les pauvres dans le service. Disons leur merci ! Leur aide est précieuse pour dessiller nos yeux afin de voir le « salut que tu préparais à la face des peuples : lumière qui se révèle aux nations » (Lc 2, 30-32). ■

Syméon et Anne sont les éveilleurs de la foi de tous ceux qui prient comme eux.

© Sabrina Mariez

« Prions » avec les anciens

Grâce à vos dons, le Fonds de solidarité de *Prions en Église* permet aux aumôneries de maisons de retraite et centres gériatriques d'organiser des temps d'échanges, de prière, de célébrations…

Respectivement aumônier et bénévole à l'hôpital Saint-Vincent-de-Paul et au centre gériatrique du Lanot à Dax (Landes), Stéphanie Chauveau et André Touya, utilisent quotidiennement *Prions en Église*. « Quand j'étais plus jeune, la question de l'animation liturgique ne se posait pas comme aujourd'hui, car il y avait davantage de prêtres, relève André Touya, 86 ans. Puis, nous sommes restés longtemps sans prêtre et *Prions en Église* est devenu, pour nous, un mensuel très important pour préparer les chants, les cérémonies, et parfois même les obsèques. Entre bénévoles, nous utilisons systématiquement la revue pour organiser les temps d'échanges et de prière. Les airs sont très appréciés, car en Ehpad, on aime chanter ! » Si André Touya s'appuie beaucoup sur le magazine, Stéphanie Chauveau commence sa journée en ouvrant l'application. « Notre mission, en gériatrie, c'est d'accompagner des personnes pour qui le centre est bien souvent la dernière demeure. Contrairement aux autres hospitalisations, elles sont là pour des périodes longues et indéterminées.

Elles ont souvent besoin d'être réconfortées et les commentaires aimants et bienveillants de *Prions en Église* aident à rebondir. » Si le contenu de *Prions en Église* soutient Stéphanie Chauveau lors de ses rencontres avec les résidents, elle y trouve également une nourriture personnelle. « Je me sens accompagnée jour après jour avec des outils pratiques clés en main, et la douceur de l'application me donne la force d'attaquer la journée. Le but est ensuite de vivre le moment présent avec le Christ, au sein de la résidence où une nouvelle famille se constitue. » Un engagement simple et exigeant que nos deux accompagnateurs développent au quotidien auprès des personnes âgées, soutenus par des abonnements fortement attendus ! ■

Sophie Pelloux-Prayer

LE FONDS DE SOLIDARITÉ

Le Fonds de solidarité de *Prions en Église* aide à financer l'abonnement des aumôneries des maisons de retraite. Si vous voulez soutenir ce projet, vous pouvez adresser **vos dons par chèque à l'ordre de Bayard à :** *Prions en Église* – Fonds de solidarité – Bayard – TSA 60007 – 59714 Lille Cedex 9 ou sur https://librairie-bayard.com/je-fais-un-don-pour-prions.html

Prier avec le Saint-Père

Intention universelle du mois de février 2025

Prions pour que
la communauté ecclésiale accueille
les désirs et les doutes
des jeunes qui ressentent
l'appel à servir la mission
du Christ dans la vie
sacerdotale et religieuse.

Pour vous aider à prier :
www.prieraucoeurdumonde.net

SAINTS ET SAINTES DU MOIS DE FÉVRIER 2025

Xavier Lecœur, journaliste et historien

Chaque jour, l'Église fête plusieurs saints et bienheureux : ceux du calendrier romain, ceux des calendriers diocésains et ceux du calendrier des Églises orientales.
Tous les mois, Prions en Église *vous propose d'en découvrir quelques-uns.*

1er février

Bse Anne Michelotti
(1843-1888)
Il y a cinquante ans, en 1975, le pape saint Paul VI canonisait cette Savoyarde, fondatrice de la congrégation des Petites Servantes du Sacré-Cœur pour le service des malades pauvres.

2 février

St Jean-Théophane Vénard
(1829-1861)
« La piété doit être douce, prévenante, et gaie avant tout », soulignait ce jeune prêtre de la Société des Missions étrangères de Paris, mort martyr au Tonkin (nord du Vietnam). Canonisé en 1988.

3 février

Bx Justo Takayama Ukon
(1552-1615)
Ayant refusé d'abjurer sa foi chrétienne, ce riche seigneur japonais fut déchu de ses titres et privé de ses biens. Il mena dès lors une vie de banni, sans cesser d'annoncer Jésus Christ. Béatifié en 2017.

4 février

Ste Jeanne de France
(1464-1505)
Répudiée par Louis XII après vingt ans de mariage, elle se retira à Bourges (Cher). Elle y fonda l'ordre de l'Annonciade, dont les membres cherchent à « plaire à Dieu en suivant la Vierge de l'Évangile ».

5 février

St Jésus Mendez Montoya
(1880-1928)
Ce prêtre mexicain fut tué lors des persécutions anticatholiques qui ensanglantèrent son pays à la fin des années 1920. Canonisé en 2000.

6 février

St Gaston
(vers 453-540)
Aussi appelé

Vaast, il prépara Clovis au baptême, puis fut nommé évêque d'Arras (Pas-de-Calais).

7 février
Bse Eugénie Smet
(1825-1871)
Il y a deux cents ans, en 1825, naissait à Lille la future fondatrice de la congrégation des Sœurs auxiliatrices des âmes du purgatoire. Béatifiée en 1957.

8 février
Ste Joséphine Bakhita
(1869-1947)
« Dans la volonté de Dieu, il y a une grande paix », affirmait cette ancienne esclave soudanaise, devenue religieuse en Italie. Canonisée en 2000.

9 février
St Ansbert
(VIIe siècle)
Ancien chancelier du roi Clotaire III, il fut le troisième abbé de l'abbaye bénédictine de Fontenelle (fondée par saint Wandrille), avant de devenir évêque de Rouen.

10 février
Bx Hugues de Fosses
(vers 1093-1164)
Ce disciple de saint Norbert lui succéda comme abbé de Prémontré lorsque le fondateur devint archevêque de Magdebourg. Il organisa l'ordre, dont il rédigea les premiers statuts.

11 février
Notre-Dame de Lourdes
Le 11 février 1858, la Vierge Marie apparut pour la première fois à Bernadette Soubirous (fêtée le 18 février) à la grotte de Massabielle (Hautes-Pyrénées). Journée mondiale des malades.

12 février
St Mélèce
(vers 310-381)
Évêque de Sébaste, puis patriarche d'Antioche, il fut exilé à plusieurs reprises par les empereurs favorables à l'hérésie arienne. Saint Jean Chrysostome a fait son éloge.

13 février
St Domnin
(IVe siècle)
Évangélisateur et premier évêque de Digne (Alpes-de-Haute-Provence).

14 février
St Maron
(IVe-Ve siècles)
Ermite syriaque. Il eut de nombreux disciples et donna son nom à l'Église chrétienne maronite,

rattachée à Rome. Les Libanais le fêtent le 9 février.

15 février
Bx Michel Sopocko
(1888-1975)
Il y a cinquante ans, jour pour jour, ce prêtre polonais, directeur spirituel de sainte Faustine Kowalska, rendait son âme à Dieu. Il avait voué sa vie à la propagation du culte de la Divine Miséricorde. Béatifié en 2008.

16 février
St Joseph Allamano
(1851-1926)
Le 20 octobre 2024, le pape François a canonisé quatorze bienheureux, dont cet ancien élève de saint Jean Bosco, recteur du sanctuaire de Notre-Dame de la Consolata (Turin) et fondateur de deux instituts missionnaires.

17 février
St Fintan
(VIe siècle)
Abbé du monastère irlandais de Clonenagh, il était austère et dur vis-à-vis de lui-même, mais doux et indulgent à l'égard d'autrui. Il est considéré comme le « patriarche des moines d'Irlande ».

18 février
Ste Gertrude Comensoli
(1847-1903)
Cette religieuse italienne, canonisée en 2009, fonda la congrégation des Sœurs sacramentines de Bergame, vouées à l'adoration eucharistique et l'éducation des jeunes filles pauvres. « Jésus n'aime pas les cœurs étroits », disait-elle.

19 février
Bx Joseph Zaplata
(1904-1945)
Religieux polonais de la congrégation du Sacré-Cœur de Jésus. Il mourut du typhus au camp de concentration de Dachau, après avoir assisté d'autres prisonniers contaminés.

20 février
Ste Aimée
(vers 1200-1252)
Nièce de sainte Claire d'Assise, la fondatrice des Clarisses, elle renonça à toute vie mondaine et se consacra jusqu'à sa mort à la prière et à l'ascèse.

21 février
St Pierre Damien
(1007-1072)
« Que tous vos actes soient bâtis

sur le fondement de la charité », recommandait ce moine camaldule qui fut le conseiller de plusieurs papes. Docteur de l'Église depuis 1828.

22 février
Bse Isabelle de France
(1225-1270)
Sœur du roi saint Louis. Elle refusa, malgré les pressions, d'épouser le fils de l'empereur Frédéric II. Elle fonda un monastère de clarisses à Longchamp et mena une vie d'austérité et de pénitence.

23 février
Bse Raphaëlle Ybarra
(1843-1900)
« Ne te lasse jamais de faire le bien », répétait, à la suite de saint Paul, cette native de Bilbao. Outre ses enfants, cette mère de famille nombreuse se consacra aux jeunes filles abandonnées. Béatifiée en 1984.

24 février
Bx Thomas-Marie Fusco
(lire page 183)

25 février
Bx Robert d'Arbrissel
(vers 1045-1116)
Ermite et prédicateur breton. Il fonda, en 1101, l'abbaye Notre-Dame de Fontevraud (Maine-et-Loire).

26 février
St Alexandre
(vers 250-328)
Ce patriarche d'Alexandrie fut le premier à condamner les errements théologiques du prêtre Arius. Il sut aussi percevoir la valeur de l'un de ses diacres, le futur saint Athanase.

27 février
St Grégoire de Narek
(vers 950-vers 1010)
Il y a dix ans, en 2015, ce moine arménien, célèbre pour ses écrits poétiques et mystiques (dont le *Livre des Lamentations*), était proclamé docteur de l'Église par le pape François.

28 février
St Romain
(vers 390-vers 463)
S'étant retiré dans le Jura, il fut rejoint par plusieurs disciples pour lesquels il construisit deux monastères : Condat, berceau de la ville de Saint-Claude, et Lauconne, qui deviendra Saint-Lupicin.

Prions avec les textes de la messe

DU 1ER AU 28 FÉVRIER 2025

Dimanche 2 février, *Présentation du Seigneur au Temple* . . . . **p. 19**
Dimanche 9 février, *5e dimanche du temps ordinaire* . . . . **p. 73**
Dimanche 16 février, *6e dimanche du temps ordinaire* . . . . . **p. 119**
Dimanche 23 février, *7e dimanche du temps ordinaire* . . . . . **p. 167**

Partagez vos intentions de prière

....

....

....

....

....

....

....

....

....

Envoyez vos intentions de prière à :
Prions en Église, Intentions de prière, 18 rue Barbès, 92128 Montrouge Cedex.
Elles seront portées par les pèlerins qui partiront vivre le jubilé à Rome du 3 au 6 mars 2025.

SAMEDI 1ER FÉVRIER 2025

3E SEMAINE DU TEMPS ORDINAIRE COULEUR LITURGIQUE : VERT

Temps ordinaire, *suggestion d'oraisons et d'antiennes n° 12*
ou **bienheureuse Vierge Marie,** *voir p. 18*

Antienne d'ouverture

Le Seigneur est la force de son peuple,
le refuge et le salut de son messie.
Sauve ton peuple, Seigneur, bénis ton héritage,
et conduis-le à jamais.

(cf. Ps 27, 8-9)

Prière

Fais-nous vivre à tout moment, Seigneur, dans l'amour et le respect de ton saint nom, toi qui ne cesses jamais de guider ceux que tu enracines solidement dans ta charité. Par Jésus… ***— Amen.***

Lecture

de la lettre aux Hébreux (11, 1-2.8-19)

« Il attendait la ville dont Dieu lui-même est le bâtisseur et l'architecte »

Frères, la foi est une façon de posséder ce que l'on espère, un moyen de connaître des réalités qu'on ne voit pas. Et quand l'Écriture rend témoignage aux anciens, c'est à cause de leur foi. Grâce à la foi, Abraham obéit à l'appel de Dieu : il partit vers un pays qu'il devait recevoir en héritage, et il partit sans savoir où il allait. Grâce à la foi, il vint séjourner

en immigré dans la Terre promise, comme en terre étrangère ; il vivait sous la tente, ainsi qu'Isaac et Jacob, héritiers de la même promesse, car il attendait la ville qui aurait de vraies fondations, la ville dont Dieu lui-même est le bâtisseur et l'architecte. Grâce à la foi, Sara, elle aussi, malgré son âge, fut rendue capable d'être à l'origine d'une descendance parce qu'elle pensait que Dieu est fidèle à ses promesses. C'est pourquoi, d'un seul homme, déjà marqué par la mort, a pu naître une descendance aussi nombreuse que les étoiles du ciel et que le sable au bord de la mer, une multitude innombrable. C'est dans la foi, sans avoir connu la réalisation des promesses, qu'ils sont tous morts ; mais ils l'avaient vue et saluée de loin, affirmant que, sur la terre, ils étaient des étrangers et des voyageurs. Or, parler ainsi, c'est montrer clairement qu'on est à la recherche d'une patrie. S'ils avaient songé à celle qu'ils avaient quittée, ils auraient eu la possibilité d'y revenir. En fait, ils aspiraient à une patrie meilleure, celle des cieux. Aussi Dieu n'a pas honte d'être appelé leur Dieu, puisqu'il leur a préparé une ville. Grâce à la foi, quand il fut soumis à l'épreuve, Abraham offrit Isaac en sacrifice. Et il offrait le fils unique, alors qu'il avait reçu les promesses et entendu cette parole : *C'est par Isaac qu'une descendance portera ton nom.* Il pensait en effet que Dieu est capable même de ressusciter les morts ; c'est pourquoi son fils lui fut rendu : il y a là une préfiguration.

– Parole du Seigneur.

Cantique Luc 1, 69-70, 71-72, 73-75

℟ ***Béni soit le Seigneur, le Dieu d'Israël, car il a visité son peuple.***

Il a fait surgir la force qui nous sauve
dans la maison de David, son serviteur,
comme il l'avait dit par la bouche des saints,
par ses prophètes,
depuis les temps anciens : ℟

salut qui nous arrache à l'ennemi,
à la main de tous nos oppresseurs,
amour qu'il montre envers nos pères,
mémoire de son alliance sainte, ℟

serment juré à notre père Abraham
de nous rendre sans crainte,
afin que, délivrés de la main des ennemis,
nous le servions dans la justice
et la sainteté, en sa présence,
tout au long de nos jours. ℟

Acclamation de l'Évangile

Alléluia. Alléluia. Dieu a tellement aimé le monde qu'il a donné son Fils unique, afin que ceux qui croient en lui aient la vie éternelle. ***Alléluia.***

Évangile de Jésus Christ

selon saint Marc (4, 35-41)

« Qui est-il donc, celui-ci, pour que même le vent et la mer lui obéissent ? »

Ce jour-là, le soir venu, Jésus dit à ses disciples : « Passons sur l'autre rive. » Quittant la foule, ils emmenèrent Jésus, comme il était, dans la barque, et d'autres barques l'accompagnaient.

Survient une violente tempête. Les vagues se jetaient sur la barque, si bien que déjà elle se remplissait. Lui dormait sur le coussin à l'arrière. Les disciples le réveillent et lui disent : « Maître, nous sommes perdus ; cela ne te fait rien ? » Réveillé, il menaça le vent et dit à la mer : « Silence, tais-toi ! » Le vent tomba, et il se fit un grand calme. Jésus leur dit : « Pourquoi êtes-vous si craintifs ? N'avez-vous pas encore la foi ? » Saisis d'une grande crainte, ils se disaient entre eux : « Qui est-il donc, celui-ci, pour que même le vent et la mer lui obéissent ? »

Prière sur les offrandes

Accueille, Seigneur, le sacrifice de louange et de paix ; accorde-nous d'être purifiés par son action et de t'offrir un cœur qui te plaise. Par le Christ, notre Seigneur. – ***Amen.***

Antienne de la communion

Les yeux sur toi, tous, ils espèrent,
Seigneur : tu leur donnes
la nourriture au temps voulu.
(Ps 144, 15)

OU

Je suis le bon pasteur, et je donne ma vie pour mes brebis, dit le Seigneur.
(Jn 10, 11.15)

Prière après la communion

Nourris et renouvelés par le corps sacré et le sang précieux de ton Fils, nous implorons ta bonté, Seigneur : fais que, sûrs de la rédemption, nous possédions ce que nous aimons célébrer avec ferveur. Par le Christ, notre Seigneur. – ***Amen.***

INVITATION

Demain, c'est la Journée de la vie consacrée : je peux envoyer un mot d'amitié à une personne consacrée que je connais.

COMMENTAIRE

Une question de façade

Marc 4, 35-41

Les vents contraires se sont levés, la barque tangue, elle prend l'eau de toute part et le Seigneur paraît dormir. « Cela ne te fait rien ? », lui demandent les disciples. Une question de façade qui cache mal le reproche, le désarroi, l'incompréhension, mais qui est peut-être aussi une prière. Crier vers le ciel lorsque les éléments se déchaînent, lorsque notre vie semble aller vers sa ruine ; s'insurger face à l'injustice ou face au sommeil de Dieu, c'est déjà prier. « Maître, nous sommes perdus ; cela ne te fait rien ? » ■

***Bertrand Lesoing**, prêtre de la communauté Saint-Martin*

Bienheureuse Vierge Marie

Couleur liturgique : blanc ou vert

Les samedis du temps ordinaire sans mémoire obligatoire, on peut faire mémoire de la Vierge Marie, selon une tradition qui honore la foi et l'espérance sans défaut de Marie le Samedi saint.

Antienne d'ouverture

Bienheureuse es-tu, Vierge Marie :
tu as porté le Créateur de l'univers,
tu as mis au monde celui qui t'a faite,
et tu demeures toujours vierge.

Prière

Dieu de miséricorde, viens au secours de notre faiblesse : puisque nous faisons mémoire de la sainte Mère de Dieu, fais que, soutenus par son intercession, nous soyons relevés de nos péchés. Par Jésus… **— *Amen.***

OU

Que vienne à notre aide, Seigneur, nous t'en prions, l'admirable intercession de la bienheureuse Marie toujours vierge ; qu'elle nous obtienne la joie de vivre dans la paix que tu nous donnes, délivrés de tout péril. Par Jésus… **— *Amen.***

Prière sur les offrandes

En rendant hommage à la Mère de ton Fils, Seigneur, nous te supplions : que le sacrifice offert en ce jour fasse de nous, par le don de ta grâce, une éternelle offrande à ta gloire. Par le Christ, notre Seigneur. **— *Amen.***

Préface de la Vierge Marie, p. 218.

Antienne de la communion

Le Puissant fit pour moi des merveilles ;
Saint est son nom. (Lc 1, 49)

Prière après la communion

Tu nous as fait participer à la rédemption éternelle, et nous te prions, Seigneur : alors que nous faisons mémoire de la Mère de ton Fils, comble-nous de la plénitude de ta grâce, et fais-nous éprouver toujours davantage les effets du salut. Par le Christ, notre Seigneur. **— *Amen.***

DIMANCHE 2 FÉVRIER 2025

PRÉSENTATION DU SEIGNEUR AU TEMPLE

ANNÉE C – COULEUR LITURGIQUE : BLANC

© Gaëtan Évrard

Conformément à la Loi, les parents de Jésus le présentent au Temple de Jérusalem. Quel bonheur pour Syméon, pour Anne : tous attendent la consolation d'Israël, et la voilà devant leurs yeux ! En ce jour de joie, présentons nos vies au Seigneur. Présentons nos joies, nos combats, nos tristesses. Que le Seigneur nous apporte joie et consolation.

CÉLÉBRATION DE LA LUMIÈRE

Tenant en main des cierges non allumés, le prêtre et les fidèles se rassemblent en un lieu déterminé en dehors ou à l'arrière de l'église. Tandis qu'on allume les cierges, on chante l'antienne suivante ou un autre chant qui convienne.

Antienne
Voici le Seigneur Dieu qui vient avec puissance ;
il vient illuminer notre regard, alléluia. (cf. Is 35, 4-5)

Le prêtre invite ensuite les fidèles à la célébration, en ces termes ou d'autres semblables :
Frères et sœurs bien-aimés, il y a quarante jours, nous avons célébré dans la joie la Nativité du Seigneur. Voici maintenant arrivé le jour où Jésus fut présenté au Temple par Marie et Joseph : il se conformait ainsi à la loi du Seigneur, mais, en vérité, il venait à la rencontre du peuple des croyants. En effet, le vieillard Syméon et la prophétesse Anne étaient venus au Temple, sous l'impulsion de l'Esprit Saint ; éclairés par ce même Esprit, ils reconnurent leur Seigneur et l'annoncèrent à tous avec enthousiasme. Il en va de même pour nous : rassemblés par l'Esprit Saint, avançons vers (dans) la maison de Dieu à la rencontre du Christ ; nous le trouverons, et nous le reconnaîtrons à la fraction du pain, en attendant sa venue dans la gloire.

Après la monition, le prêtre bénit les cierges, en disant, les mains étendues, l'une des deux prières suivantes :

Dieu, source et origine de toute lumière, en ce jour tu as montré à Syméon le Juste la Lumière qui se révèle aux nations ; nous te supplions humblement : bénis ✠ et sanctifie ces cierges ; accueille les prières de ton peuple, qui s'est rassemblé pour les porter à la louange de ton Nom : qu'en avançant au droit chemin, nous parvenions à la lumière qui ne s'éteint jamais. Par le Christ, notre Seigneur.

— Amen.

OU

Seigneur Dieu, lumière véritable, source et foyer de la lumière éternelle, répands toujours sa clarté dans le cœur des fidèles ; donne à ceux qui portent ces cierges, et qui en sont illuminés dans ton temple saint, de parvenir sans encombre à la splendeur de ta gloire. Par le Christ, notre Seigneur.

— Amen.

Pendant la procession, tenant en main leurs cierges allumés, les fidèles chantent le cantique de Syméon (page suivante) ou un autre chant qui convienne.

Cantique de Syméon (Luc 2, 29-32)
℟ ***Lumière qui se révèle aux nations***
et donne gloire à ton peuple Israël.

Maintenant, ô Maître souverain,
tu peux laisser ton serviteur s'en aller
en paix, selon ta parole. ℟

Car mes yeux ont vu le salut
que tu préparais à la face des peuples. ℟

Gloire au Père, et au Fils, et au Saint-Esprit,
au Dieu qui est, qui était et qui vient,
pour les siècles des siècles. Amen. ℟

CÉLÉBRATION EUCHARISTIQUE

Chant d'entrée *(Suggestions p. 239)*
OU
Antienne d'ouverture
Dieu, nous accueillons ta miséricorde
au milieu de ton temple.
Ta louange, comme ton nom couvre l'étendue de la terre.
Ta main droite est pleine de justice.
(cf. Ps 47, 10-11)

Suggestion de préparation pénitentielle *(ou p. 210)*

En cette fête, présentons nos vies au Seigneur, déposons nos craintes, nos espérances, et reconnaissons que nous sommes pécheurs.

Seigneur Jésus, toi Dieu fait homme, tu apportes la consolation à tous les peuples, béni sois-tu et prends pitié de nous.

— Béni sois-tu et prends pitié de nous.

Ô Christ, toi le salut de tous les hommes, ta lumière éclaire nos ténèbres, béni sois-tu et prends pitié de nous.

— Béni sois-tu et prends pitié de nous.

Seigneur, toi qui es signe de contradiction pour le monde, tu regardes avec espérance chacune de nos vies, béni sois-tu et prends pitié de nous.

— Béni sois-tu et prends pitié de nous.

Que Dieu tout-puissant nous fasse miséricorde ; qu'il nous pardonne nos péchés et nous conduise à la vie éternelle. ***— Amen.***

Gloire à Dieu *(p. 212)*

Prière

Dieu éternel et tout-puissant, Dieu de majesté, nous t'adressons cette prière : puisque ton Fils unique, ayant pris notre chair, fut en ce jour présenté dans le Temple, fais que nous puissions, avec une âme purifiée, être présentés devant toi. Par Jésus… ***— Amen.***

LITURGIE DE LA PAROLE

Lecture du livre du prophète Malachie (3, 1-4)

« Soudain viendra dans son Temple le Seigneur que vous cherchez »

Ainsi parle le Seigneur Dieu : Voici que j'envoie mon messager pour qu'il prépare le chemin devant moi ; et soudain viendra dans son Temple le Seigneur que vous cherchez. Le messager de l'Alliance que vous désirez, le voici qui vient – dit le Seigneur de l'univers. Qui pourra soutenir le jour de sa venue ? Qui pourra rester debout lorsqu'il se montrera ? Car il est pareil au feu du fondeur, pareil à la lessive des blanchisseurs. Il s'installera pour fondre et purifier : il purifiera les fils de Lévi, il les affinera comme l'or et l'argent ; ainsi pourront-ils, aux yeux du Seigneur, présenter l'offrande en toute justice. Alors, l'offrande de Juda et de Jérusalem sera bien accueillie du Seigneur, comme il en fut aux jours anciens, dans les années d'autrefois.

– Parole du Seigneur.

Psaume 23 (24)

℟ *C'est le Seigneur, Dieu de l'univers ; c'est lui, le roi de gloire.*

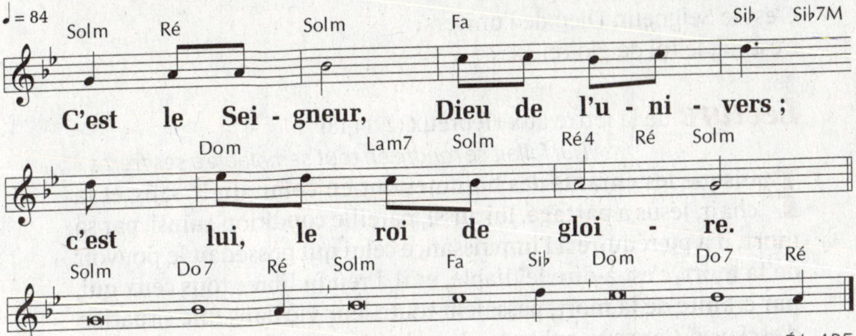

T. : AELF ; M. : J.-P. Hervy ; Éd. : ADF.

Portes, levez vos frontons,
élevez-vous, portes éternelles :
qu'il entre, le roi de gloire ! ℟

Qui est ce roi de gloire ?
C'est le Seigneur, le fort, le vaillant,
le Seigneur, le vaillant des combats. ℟

Portes, levez vos frontons,
levez-les, portes éternelles :
qu'il entre, le roi de gloire ! ℟

Écoutez ce psaume sur www.prionseneglise.fr/messe-du-dimanche

℟ *C'est le Seigneur, Dieu de l'univers ; c'est lui, le roi de gloire.*

Qui donc est ce roi de gloire ?
C'est le Seigneur, Dieu de l'univers ;
c'est lui, le roi de gloire. ℟

Lecture de la lettre aux Hébreux (2, 14-18)

« Il lui fallait se rendre en tout semblable à ses frères »

Puisque les enfants des hommes ont en commun le sang et la chair, Jésus a partagé, lui aussi, pareille condition : ainsi, par sa mort, il a pu réduire à l'impuissance celui qui possédait le pouvoir de la mort, c'est-à-dire le diable, et il a rendu libres tous ceux qui, par crainte de la mort, passaient toute leur vie dans une situation d'esclaves. Car ceux qu'il prend en charge, ce ne sont pas les anges, c'est la descendance d'Abraham. Il lui fallait donc se rendre en tout semblable à ses frères, pour devenir un grand prêtre miséricordieux et digne de foi pour les relations avec Dieu, afin d'enlever les péchés du peuple. Et parce qu'il a souffert jusqu'au bout l'épreuve de sa Passion, il est capable de porter secours à ceux qui subissent une épreuve.

– Parole du Seigneur.

Acclamation de l'Évangile

Alléluia. Alléluia. Lumière qui se révèle aux nations et donne gloire à ton peuple Israël. ***Alléluia.***

UL31-13; T. : AELF; M. : P. Robert; Studio SM.

Évangile de Jésus Christ selon saint Luc (2, 22-40)

« Mes yeux ont vu ton salut »

(Lecture brève : 2, 22-32)

Quand fut accompli le temps prescrit par la loi de Moïse pour la purification, les parents de Jésus l'amenèrent à Jérusalem pour le présenter au Seigneur, selon ce qui est écrit dans la Loi : *Tout premier-né de sexe masculin sera consacré au Seigneur.* Ils venaient aussi offrir le sacrifice prescrit par la loi du Seigneur : *un couple de tourterelles ou deux petites colombes.*

Or, il y avait à Jérusalem un homme appelé Syméon. C'était un homme juste et religieux, qui attendait la Consolation d'Israël, et l'Esprit Saint était sur lui. Il avait reçu de l'Esprit Saint l'annonce qu'il ne verrait pas la mort avant d'avoir vu le Christ, le Messie du Seigneur. Sous l'action de l'Esprit, Syméon vint au Temple. Au moment où les parents présentaient l'enfant Jésus pour se conformer au rite de la Loi qui le concernait, Syméon reçut l'enfant dans ses bras, et il bénit Dieu en disant : « Maintenant, ô Maître souverain, tu peux laisser ton serviteur s'en aller en paix, selon ta parole. Car mes yeux ont vu le salut que tu préparais à la face des peuples : lumière qui se révèle aux nations et donne gloire à ton peuple Israël. »

Fin de la lecture brève

Le père et la mère de l'enfant s'étonnaient de ce qui était dit de lui. Syméon les bénit, puis il dit à Marie sa mère : « Voici que cet enfant provoquera la chute et le relèvement de beaucoup en Israël. Il sera un signe de contradiction – et toi, ton âme sera traversée d'un glaive – : ainsi seront dévoilées les pensées qui viennent du cœur d'un grand nombre. » Il y avait aussi une femme prophète, Anne, fille de Phanuel, de la tribu d'Aser. Elle était très avancée en âge ; après sept ans de mariage, demeurée veuve, elle était arrivée à l'âge de 84 ans. Elle ne s'éloignait pas du Temple, servant Dieu jour et nuit dans le jeûne et la prière. Survenant à cette heure même, elle proclamait les louanges de Dieu et parlait de l'enfant à tous ceux qui attendaient la délivrance de Jérusalem.

Lorsqu'ils eurent achevé tout ce que prescrivait la loi du Seigneur, ils retournèrent en Galilée, dans leur ville de Nazareth. L'enfant, lui, grandissait et se fortifiait, rempli de sagesse, et la grâce de Dieu était sur lui.

Homélie

Profession de foi (p. 213)

Suggestion de prière universelle

Le prêtre :

Le Christ apporte la consolation à tous les peuples. En ce jour de sa présentation au Temple, confions-lui les intentions de l'Église et de tous les habitants du monde.

℟ ***Sûrs de ton amour et forts de notre foi, Seigneur, nous te prions.***

Bayard Liturgie; T. et M. : anonyme.

℟ ***Sûrs de ton amour et forts de notre foi, Seigneur, nous te prions.***

Le diacre ou un lecteur :

Béni sois-tu, ô Christ, pour les personnes qui t'ont consacré toute leur vie, les religieux, les moines et les moniales, les laïques consacrées. En ce jour de leur fête, donne-leur d'apporter lumière et consolation à ceux qu'ils rencontrent. Ensemble, prions. ℟

Béni sois-tu, ô Christ, pour les responsables politiques qui vivent leur mission comme une véritable vocation. Accompagne-les dans leurs épreuves, leurs fatigues, dans leurs discernements, leurs décisions. Ensemble, prions. ℟

Béni sois-tu, ô Christ, pour les chrétiens qui, chaque semaine, consacrent de nombreuses heures à la prière ou au soin des malades et des personnes en situation de précarité. Que jamais ne leur manquent la foi et la consolation. Ensemble, prions. ℟

Béni sois-tu, ô Christ, pour les personnes âgées de notre assemblée. Qu'à l'image de Syméon et de la prophétesse Anne, elles soient des témoins de la foi, de l'espérance et de la charité pour les jeunes et les enfants. Ensemble, prions. ℟

(Ces intentions seront adaptées ou modifiées selon les circonstances. On peut aussi s'inspirer de l'intention universelle du Saint-Père, p. 6.)

Le prêtre :
Seigneur Jésus, quarante jours après ta naissance, tu as été présenté à Dieu ton Père. En ce jour, nous nous présentons à toi. Écoute nos prières et daigne les exaucer, toi qui vis et règnes pour les siècles des siècles. **— *Amen.***

LITURGIE EUCHARISTIQUE

Prière sur les offrandes
Nous t'en prions, Seigneur, que les dons de l'Église en fête te soient agréables, toi qui as voulu que ton Fils unique, l'Agneau sans tache, te soit offert pour la vie du monde. Lui qui… **— *Amen.***

Prière eucharistique
(Préface de la Présentation du Seigneur)
Vraiment, il est juste et bon, pour ta gloire et notre salut, de t'offrir notre action de grâce, toujours et en tout lieu, Seigneur, Père très saint, Dieu éternel et tout-puissant. Aujourd'hui, ton Fils éternel est présenté dans le Temple, et l'Esprit Saint le désigne comme la gloire d'Israël ton peuple et la lumière des nations. Joyeux, nous aussi, d'aller à la rencontre du Sauveur, nous te chantons avec les anges et tous les saints, et sans fin nous proclamons : ***Saint ! Saint ! Saint…***

Chant de communion *(Suggestions p. 239)*

OU

Antienne de la communion

Mes yeux ont vu le salut que tu préparais à la face des peuples. (Lc 2, 30-31)

Prière après la communion

Par la nourriture sainte que nous avons reçue, accomplis en nous, Seigneur, l'œuvre de ta grâce, toi qui as comblé l'espérance de Syméon : il n'a pas vu la mort sans qu'il lui fût donné d'accueillir le Christ ; donne-nous aussi d'avancer à la rencontre du Seigneur et d'obtenir la vie éternelle. Par le Christ, notre Seigneur. **— *Amen.***

RITE DE CONCLUSION

Bénédiction

Envoi

COMMENTAIRE DU DIMANCHE

Vincent Leclercq, prêtre assomptionniste

La sainteté du quotidien

Joseph et Marie sont décrits comme des Juifs observants présentant leur fils premier-né au Temple. Pourtant, une telle pratique n'existait déjà plus au temps de Jésus. Il n'était plus nécessaire de porter l'enfant au Temple pour le consacrer au Seigneur. Une simple offrande effectuée à Nazareth aurait suffi. La scène signifie bien davantage : Jésus fait sa première entrée dans son Temple pour l'illuminer de sa présence.

Parmi tous les bébés portés dans les bras de leurs parents ce jour-là, deux anciens, Anne et Syméon, reconnaissent le Messie. Au premier coup d'œil, ils repèrent cette famille à nulle autre comparable. C'est la Sainte Famille ! Puissions-nous, nous aussi, reconnaître la sainteté là où nous vivons : la sainteté de Dieu, bien sûr, mais aussi celle des hommes et des femmes créés à son •••

••• image et à sa ressemblance. Et puissions-nous accueillir cette proximité de Dieu dans le quotidien de nos vies.
Ce qui est sacré, ce qui vient de Dieu et illumine la vie des hommes doit être reconnu par tous. Jésus n'est pas étranger à notre manière de vivre. Il n'est pas séparé de ce que nous sommes ni éloigné de nos attentes. À tout moment, la nouveauté de Dieu peut émerger de nos traditions et de nos habitudes. Le mystère de l'incarnation s'étend jusqu'à nous. Aujourd'hui, le Dieu que nul ne peut tenir ou soutenir se laisse porter et accueillir sous les traits d'un enfant.

La lumière est le signe de la fête de ce jour (la Chandeleur).
Qu'est-ce que Jésus vient illuminer dans ma vie ?

À la suite de Joseph et de Marie, de Syméon et d'Anne, comment vais-je accueillir la présence de Jésus dans son Église ? ■

Prions en Église junior

LIRE L'ÉVANGILE AVEC LES ENFANTS

2-8

CE QUE JE DÉCOUVRE

Les promesses de Dieu se réalisent toujours, même s'il faut parfois attendre... Le vieux **Syméon a attendu longtemps avant de voir Jésus le Sauveur.** Devant Marie et Joseph, il proclame que leur bébé est la lumière envoyée pour le salut du monde. Marie et Joseph s'étonnent de ses paroles. Jésus n'est pas un enfant comme les autres. **Il est le Fils de Dieu, venu pour sauver les hommes**.

CE QUE JE VIS

Quand on te promet quelque chose, as-tu la patience d'attendre ? T'arrive-t-il de faire des promesses ? Lesquelles ? À qui ?
Dans ta prière, demande à Jésus de t'accompagner dans ta vie.

Texte : Patricia Metzger. Illustrations : Marcelino Truong

MÉDITATION BIBLIQUE
PRÉSENTATION DU SEIGNEUR AU TEMPLE
Évangile selon saint Luc 2, 22-40

Quand le Seigneur entre dans son Temple

La fête de la Présentation est riche de significations à commencer par la nouvelle relation entre Israël et les nations instaurée par la venue du Christ.

Le temps de la préparation

« Orne ta demeure, Sion, et accueille le Christ Roi. » (Antienne)

Le temps de l'observation

L'évangile de ce jour est rempli de références implicites ou explicites à l'Ancien Testament et à ses rituels qui ponctuent la vie des croyants pour leur rappeler la présence de Dieu : purification de la mère, rachat et consécration du premier-né, offrandes au Temple. La loi du Seigneur, mentionnée à plusieurs reprises, souligne le particularisme de Jésus dans son appartenance au judaïsme. Ces versets font également signe vers la présentation du jeune Samuel au temple de Silo par Anne, sa mère, et nous suggèrent une autre spécificité de Jésus. À la différence de

Samuel voué à exercer sa fonction prophétique au Temple et à oindre le roi d'Israël, Jésus, le roi messie attendu, ne restera pas dans l'orbite du Temple de Jérusalem, signifiant par-là la portée universelle de sa venue. Sans oublier que son enseignement le mettra en contradiction avec les autorités religieuses de son temps.

Le temps de la méditation

Syméon et Anne apparaissent comme les bénéficiaires d'une rencontre à laquelle l'un comme l'autre se sont préparés dans la foi : par leur enracinement dans les Écritures, le primat donné à leur relation avec Dieu, leur réceptivité à l'Esprit Saint. Syméon, « homme juste et religieux », s'est laissé guider au Temple, comme Anne la prophétesse, assidue au jeûne et à la prière dans son état de veuve et donc de viduité vécue en absolue disponibilité. L'un comme l'autre ont su discerner « la réalisation […] d'une prophétie ancienne et prodigieuse » (John Henry Newman), reconnaître en cet enfant vulnérable le messie attendu et l'inattendu de Dieu, et par là même le « salut qui se révèle aux nations et donne gloire » à Israël son peuple. Une rencontre dans laquelle se nouent le don gratuit de Dieu et le désir d'humains en attente. Tel est le schéma de nos rencontres avec le Christ, qui nous incite à rejoindre notre désir profond, à nous laisser habiter par la Parole (Ancien et Nouveau Testaments) et conduire par l'Esprit.

Le temps de la prière

« Gloire au Père, et au Fils
et au Saint-Esprit, au Dieu
qui est, qui était et qui vient. » ■

Emmanuelle Billoteau, ermite

L'ÉVÉNEMENT

DIMANCHE 2 FÉVRIER 2025 : JOURNÉE DE LA VIE CONSACRÉE

Un veuvage avec le Seigneur

La Journée de la vie consacrée est fêtée le 2 février, jour de la Présentation de Jésus au Temple. Parmi les différentes formes de vie consacrée, il y a celle, moins connue, des veuves consacrées.

Instituée par Jean-Paul II en 1997, la Journée de la vie consacrée est placée sous le signe de l'action de grâce « parce qu'il est beau et juste de remercier le Seigneur pour le grand don de la vie consacrée, qui enrichit et réjouit l'Église par la multiplicité des charismes et le dévouement de tant de vies totalement données au Seigneur et aux frères » expliquait le pape, le 6 janvier 1997.

Le terme de « consacré » désigne toute personne qui s'engage au célibat à la suite du Christ et de l'Évangile. Parmi les nombreuses formes de vie possible, celle des veuves consacrées est peu connue. La Fraternité Notre-Dame de la Résurrection* accueille les veuves qui ont reçu l'appel du Seigneur. Après cinq années de formation, elles prononcent un vœu de chasteté et s'engagent à vivre

Sur la gauche, Odile Macchi.

DR

dans un esprit d'obéissance et de pauvreté. « Nous continuons à être présentes à nos familles et nous vivons, non en communauté comme les religieuses, mais en communion avec les membres de la Fraternité » explique la responsable nationale Odile Macchi. « Une joie intérieure profonde m'habite malgré la douleur du deuil », témoigne Michèle, veuve consacrée, grâce au soutien de la règle de vie, de l'oraison et de la méditation quotidienne de la parole de Dieu. ■

Geneviève Pasquier, journaliste

* *Fraternité Notre-Dame de la Résurrection : https://veuve-chretienne.fr*

JUBILÉ DE LA VIE CONSACRÉE

Le jubilé de la vie consacrée aura lieu à Rome les 8 et 9 octobre 2025 sur le thème « Pèlerins de l'espérance, sur le chemin de la paix ». Un thème qui se déclinera en quatre axes : croire en l'espérance, grandir dans la charité, avec la force de la foi et témoigner de l'espérance.

LUNDI 3 FÉVRIER 2025

4E SEMAINE DU TEMPS ORDINAIRE COULEUR LITURGIQUE : VERT

Temps ordinaire, *suggestion d'oraisons et d'antiennes n° 13*
ou **saint Blaise,** *voir p. 46,*
ou **saint Anschaire,** *voir p. 47*

Antienne d'ouverture

Tous les peuples, battez des mains,
acclamez Dieu par vos cris de joie !
(Ps 46, 2)

Prière

Tu as voulu, Seigneur Dieu, que par la grâce de l'adoption filiale, nous devenions des enfants de lumière ; ne permets pas que nous soyons enveloppés des ténèbres de l'erreur, mais accorde-nous d'être toujours rayonnants dans la splendeur de ta vérité. Par Jésus… ***— Amen.***

Lecture

de la lettre aux Hébreux (11, 32-40)

« Par leur foi, ils ont conquis des royaumes.
Pour nous Dieu avait prévu mieux encore »

Frères, sur la puissance de la foi, que dire encore ? Le temps me manquerait pour rappeler l'histoire de Gédéon, Baraq, Samson, Jephté, David, Samuel et les prophètes. Par leur foi, ils ont conquis des royaumes, pratiqué la justice, obtenu la réalisation de certaines promesses. Ils ont fermé la gueule des lions, éteint la flamme des brasiers, échappé au

tranchant de l'épée, retrouvé leurs forces après la maladie, montré du courage à la guerre, mis en fuite des armées étrangères. Des femmes dont les enfants étaient morts les ont retrouvés ressuscités.
Mais certains autres ont été torturés et n'ont pas accepté la libération qui leur était proposée, car ils voulaient obtenir une meilleure résurrection. D'autres ont subi l'épreuve des moqueries et des coups de fouet, des chaînes et de la prison. Ils furent lapidés, sciés en deux, massacrés à coups d'épée. Ils allèrent çà et là, vêtus de peaux de moutons ou de toisons de chèvres, manquant de tout, harcelés et maltraités – mais en fait, c'est le monde qui n'était pas digne d'eux ! Ils menaient une vie errante dans les déserts et les montagnes, dans les grottes et les cavernes de la terre. Et, bien que, par leur foi, ils aient tous reçu le témoignage de Dieu, ils n'ont pas obtenu la réalisation de la promesse. En effet, pour nous Dieu avait prévu mieux encore, et il ne voulait pas les mener sans nous à la perfection.
– Parole du Seigneur.

Psaume 30 (31)

℟ ***Soyez forts, prenez courage, vous tous qui espérez le Seigneur !***

Qu'ils sont grands, tes bienfaits !
Tu les réserves à ceux qui te craignent.
Tu combles, à la face du monde,
ceux qui ont en toi leur refuge. ℟

Tu les caches au plus secret de ta face,
loin des intrigues des hommes.
Tu leur réserves un lieu sûr,
loin des langues méchantes. ℟

Béni soit le Seigneur :
son amour a fait pour moi des merveilles ! ℟

Et moi, dans mon trouble, je disais :
« Je ne suis plus devant tes yeux. »
Pourtant, tu écoutais ma prière
quand je criais vers toi. ℟

Aimez le Seigneur, vous, ses fidèles :
le Seigneur veille sur les siens ;
mais il rétribue avec rigueur
qui se montre arrogant. ℟

Acclamation de l'Évangile

Alléluia. Alléluia. Un grand prophète s'est levé parmi nous, et Dieu a visité son peuple. ***Alléluia.***

Évangile de Jésus Christ

selon saint Marc (5, 1-20)

« Esprit impur, sors de cet homme ! »

En ce temps-là, Jésus et ses disciples arrivèrent sur l'autre rive, de l'autre côté de la mer de Galilée, dans le pays des Géraséniens. Comme Jésus sortait de la barque, aussitôt un homme possédé d'un esprit impur s'avança depuis les tombes à sa rencontre ; il habitait dans les tombeaux et personne ne pouvait plus l'attacher, même avec une chaîne ; en effet on l'avait souvent attaché avec des fers aux pieds et des chaînes, mais il avait rompu les chaînes, brisé les fers, et personne ne pouvait le maîtriser. Sans arrêt, nuit et jour, il était parmi les tombeaux et sur les collines, à crier, et à se blesser avec des pierres.

Voyant Jésus de loin, il accourut, se prosterna devant lui et cria d'une voix forte : « Que me veux-tu, Jésus, Fils du Dieu Très-Haut ? Je t'adjure par Dieu, ne me tourmente pas ! » Jésus lui disait en effet : « Esprit impur, sors de cet homme ! » Et il lui demandait : « Quel est ton nom ? » L'homme lui dit : « Mon nom est Légion, car nous sommes beaucoup. » Et ils suppliaient Jésus avec insistance de ne pas les chasser en dehors du pays.
Or, il y avait là, du côté de la colline, un grand troupeau de porcs qui cherchait sa nourriture. Alors, les esprits impurs supplièrent Jésus : « Envoie-nous vers ces porcs, et nous entrerons en eux. » Il le leur permit. Ils sortirent alors de l'homme et entrèrent dans les porcs. Du haut de la falaise, le troupeau se précipita dans la mer* : il y avait environ deux mille porcs, et ils se noyaient dans la mer. Ceux qui les gardaient prirent la fuite, ils annoncèrent la nouvelle dans la ville et dans la campagne, et les gens vinrent voir ce qui s'était passé. Ils arrivent auprès de Jésus, ils voient le possédé assis, habillé, et revenu à la raison, lui qui avait eu la légion de démons, et ils furent saisis de crainte. Ceux qui avaient vu tout cela leur racontèrent l'histoire du possédé et ce qui était arrivé aux porcs. Alors ils se mirent à supplier Jésus de quitter leur territoire.
Comme Jésus remontait dans la barque, le possédé le suppliait de pouvoir être avec lui. Il n'y consentit pas, mais il lui dit : « Rentre à la maison, auprès des tiens, annonce-leur tout ce que le Seigneur a fait pour toi dans sa miséricorde. » Alors l'homme s'en alla, il se mit à proclamer dans la région de la Décapole ce que Jésus avait fait pour lui, et tout le monde était dans l'admiration.

Prière sur les offrandes

Seigneur Dieu, dans ta bonté, tu donnes à tes mystères de produire leurs effets ; nous t'en prions : que notre liturgie soit accordée à la sainteté de ces dons. Par le Christ, notre Seigneur. — ***Amen.***

Antienne de la communion

Bénis le Seigneur, ô mon âme, bénis son nom très saint, tout mon être !
(Ps 102, 1)

OU

Père, je te prie pour eux :
qu'ils soient un en nous, eux aussi,
pour que le monde croie
que tu m'as envoyé, dit le Seigneur.
(cf. Jn 17, 20-21)

Prière après la communion

Nous t'en prions, Seigneur, donne-nous d'être vivifiés par le sacrifice divin que nous avons offert et reçu en communion ; ainsi, reliés à toi par une charité qui ne passera jamais, nous porterons un fruit qui demeure pour toujours. Par le Christ, notre Seigneur. — ***Amen.***

INVITATION

« Rentre à la maison, auprès des tiens, annonce-leur tout ce que le Seigneur a fait pour toi. » Par quelle parole, quel geste vais-je être un témoin pour mon entourage, aujourd'hui ?

COMMENTAIRE

Victoire ! Marc 5, 1-20

L'esprit impur fait son œuvre de mort. L'homme qu'il possède demeure parmi les tombes, hurlant et se mutilant ; une fois sorti de lui, cet esprit qui est « légion » se rue sur des milliers de porcs, les précipitant dans la mer. Au milieu de ce chaos, Jésus. Sa parole apporte le salut. Elle ouvre un chemin, instituant l'homme libéré témoin de la miséricorde. Une certitude : le Vivant de Pâques est présent au cœur de tous nos combats, vainqueur ! ■ ***Sœur Bénédicte de la Croix,*** *cistercienne*

❊ CLÉ DE LECTURE

« Se précipita dans la mer » Marc 5, 13 *(p. 43)*

On ne manquera pas de relever l'ironie de Marc qui, à travers le motif burlesque du troupeau de porcs, vise le monde païen qui en consommait, et surtout les troupes romaines, les légions stationnées ici ou là. Mais l'image dit plus : avec le troupeau, ce sont les démons qui s'abîment dans les flots vus comme forces de destruction, eux qui interdisaient au possédé toute vie sociale, lui enlevaient toute dignité et le poussaient à se mutiler lui-même. L'évangéliste nous dit avec force à quel point le mal est autodestructeur. Il fallait seulement que cet homme aux prises avec les forces mauvaises se laisse regarder par Jésus, qu'il accepte d'entendre une parole lui dire à quel point il était aimé, relevé par un amour plus fort, pour en être libéré. ■

Roselyne Dupont-Roc, *bibliste*

Saint Blaise

Couleur liturgique : rouge

IIIe-IVe siècles. Évêque de Sébaste, en Arménie. Il refusa de sacrifier aux idoles et fut décapité.

Antienne d'ouverture

Le Seigneur lui a donné la victoire
dans un combat redoutable ;
il lui a fait comprendre ainsi
que la sagesse est plus puissante
que tout.
(cf. Sg 10, 12)

Prière

Seigneur, exauce la supplication de ton peuple qui se confie à la protection du bienheureux Blaise ton martyr ; donne-nous la joie de vivre aujourd'hui dans la paix et de trouver les secours pour atteindre la vie éternelle. Par Jésus… **– *Amen.***

Prière sur les offrandes

Par ta bénédiction, nous t'en prions, Seigneur, sanctifie les dons que nous t'offrons ; qu'elle allume en nous, par ta grâce, le feu de cet amour qui donnait à saint Blaise d'être vainqueur dans tous les supplices infligés à son corps. Par le Christ, notre Seigneur. **– *Amen.***

Antienne de la communion

Si quelqu'un veut marcher à ma suite,
dit le Seigneur,
qu'il renonce à lui-même,
qu'il prenne sa croix,
et qu'il me suive.
(cf. Mt 16, 24)

Prière après la communion

Que la participation aux saints mystères, nous t'en prions, Seigneur, nous donne la force d'âme qui rendit saint Blaise, ton martyr, fidèle à te servir et victorieux dans la passion qu'il a subie. Par le Christ, notre Seigneur.
– *Amen.*

Saint Anschaire

Couleur liturgique : blanc

801-865. Moine bénédictin de l'abbaye de Corbie (Picardie), il prêcha l'Évangile au Danemark, en Suède, puis dans le nord de l'Allemagne.

Antienne d'ouverture

Je te rendrai grâce parmi les peuples, Seigneur ; je proclamerai ton nom devant mes frères. (Ps 17, 50 ; 21, 23)

Prière

Seigneur Dieu, tu as envoyé saint Anschaire, ton évêque, porter à de nombreux peuples la clarté de l'Évangile ; accorde-nous, par son intercession, de marcher toujours à la lumière de ta vérité. Par Jésus… **— Amen.**

Prière sur les offrandes

Dieu tout-puissant, regarde le sacrifice que nous offrons en la fête de saint Anschaire : donne-nous d'imiter dans notre vie les mystères de la passion du Seigneur que nous célébrons. Lui qui… **— Amen.**

Antienne de la communion

C'est moi qui ferai paître mon troupeau, et c'est moi qui le ferai reposer, dit le Seigneur. (Ez 34, 15)

OU

Ce que je vous dis dans les ténèbres,
dites-le en pleine lumière,
dit le Seigneur ; ce que vous entendez au creux de l'oreille,
proclamez-le sur les toits. (Mt 10, 27)

Prière après la communion

Seigneur, par la puissance du mystère que nous célébrons, affermis tes serviteurs dans la vraie foi : donne-leur de la proclamer partout, en parole et en acte, à l'exemple de saint Anschaire qui lui consacra toute sa vie dans un labeur infatigable. Par le Christ, notre Seigneur. **— Amen.**

MARDI 4 FÉVRIER 2025

4E SEMAINE DU TEMPS ORDINAIRE COULEUR LITURGIQUE : VERT

Temps ordinaire, *suggestion d'oraisons et d'antiennes n° 14*

Antienne d'ouverture

Dieu, nous accueillons ta miséricorde
au milieu de ton temple.
Ta louange, comme ton nom, Seigneur Dieu,
couvre l'étendue de la terre.
Ta main droite est pleine de justice.
(cf. Ps 47, 10-11)

Prière

Seigneur Dieu, par l'abaissement de ton Fils, tu as relevé le monde déchu ; donne à tes fidèles une joie sainte : tu les as tirés de l'esclavage du péché ; fais-leur connaître le bonheur éternel. Par Jésus… — ***Amen.***

Lecture

de la lettre aux Hébreux (12, 1-4)

« Courons avec endurance l'épreuve qui nous est proposée »

Frères, nous aussi, entourés de cette immense nuée de témoins, et débarrassés de tout ce qui nous alourdit – en particulier du péché qui nous entrave si bien –, courons avec endurance l'épreuve qui nous est proposée, les yeux fixés sur Jésus, qui est à l'origine et au terme de la foi. Renonçant

à la joie qui lui était proposée, il a enduré la croix en méprisant la honte de ce supplice, et il siège à la droite du trône de Dieu. Méditez l'exemple de celui qui a enduré de la part des pécheurs une telle hostilité, et vous ne serez pas accablés par le découragement. Vous n'avez pas encore résisté jusqu'au sang dans votre lutte contre le péché. – Parole du Seigneur.

Psaume 21 (22)

℟ ***Ils loueront le Seigneur, ceux qui le cherchent.***

Devant ceux qui te craignent,
je tiendrai mes promesses.
Les pauvres mangeront :
ils seront rassasiés ;
ils loueront le Seigneur,
ceux qui le cherchent :
« À vous, toujours, la vie et la joie ! » ℟

La terre entière se souviendra
et reviendra vers le Seigneur,
chaque famille de nations
se prosternera devant lui.

Tous ceux qui festoyaient s'inclinent ;
promis à la mort,
ils plient en sa présence. ℟

Et moi, je vis pour lui :
ma descendance le servira ;
on annoncera le Seigneur
aux générations à venir.
On proclamera sa justice
au peuple qui va naître :
Voilà son œuvre ! ℟

Acclamation de l'Évangile

Alléluia. Alléluia. Le Christ a pris nos souffrances, il a porté nos maladies. ***Alléluia.***

Évangile de Jésus Christ

selon saint Marc (5, 21-43)

« Jeune fille, je te le dis, lève-toi ! »

En ce temps-là, Jésus regagna en barque l'autre rive, et une grande foule s'assembla autour de lui. Il était au bord de la mer. Arrive un des chefs de synagogue, nommé Jaïre. Voyant Jésus, il tombe à ses pieds et le supplie instamment : « Ma fille, encore si jeune, est à la dernière extrémité. Viens lui imposer les mains pour qu'elle soit sauvée et qu'elle vive. » Jésus partit avec lui, et la foule qui le suivait était si nombreuse qu'elle l'écrasait. Or, une femme, qui avait des pertes de sang depuis douze ans… – elle avait beaucoup souffert du traitement de nombreux médecins, et elle avait dépensé tous ses biens sans avoir la moindre amélioration ; au contraire, son état avait plutôt empiré –… cette femme donc, ayant appris ce qu'on disait de Jésus, vint par-derrière dans la foule et toucha son vêtement. Elle se disait en effet : « Si je parviens à toucher seulement son vêtement, je serai sauvée. » À l'instant, l'hémorragie s'arrêta, et elle ressentit dans son corps qu'elle était guérie de son mal. Aussitôt Jésus se rendit compte qu'une force était sortie de lui. Il se retourna dans la foule, et il demandait : « Qui a touché mes vêtements ? » Ses disciples lui répondirent : « Tu vois bien la foule qui t'écrase, et tu demandes : "Qui m'a touché ?" » Mais lui regardait tout autour pour voir celle qui avait fait cela. Alors la femme, saisie de crainte et toute tremblante, sachant ce qui lui était arrivé, vint se jeter à ses pieds et lui dit toute la vérité. Jésus lui dit alors : « Ma fille, ta foi t'a sauvée. Va en paix et sois guérie de ton mal. » Comme il parlait encore, des gens arrivent de la maison de Jaïre, le chef de synagogue, pour dire à celui-ci : « Ta fille vient de mourir. À quoi bon déranger encore le Maître ? » Jésus, surprenant ces mots, dit au chef de synagogue : « Ne crains pas, crois seulement. » Il ne laissa personne l'accompagner, sauf Pierre, Jacques, et Jean, le frère de Jacques. Ils arrivent à la maison du chef de synagogue. Jésus voit l'agitation, et des gens qui pleurent et poussent de grands cris. Il entre et leur dit : « Pourquoi cette agitation et ces pleurs ? L'enfant n'est pas morte : elle dort. » Mais on se moquait de lui. Alors il met tout le monde dehors, prend avec lui le père et la mère de l'enfant, et ceux qui étaient avec lui ; puis il pénètre là où reposait l'enfant. Il saisit la main de l'enfant, et lui dit : « *Talitha koum* », ce qui signifie : « Jeune fille, je te le dis, lève-toi ! » Aussitôt la jeune fille se leva et se mit à marcher – elle avait en effet douze ans. Ils furent frappés d'une grande stupeur. Et Jésus leur ordonna fermement de ne le faire savoir à personne ; puis il leur dit de la faire manger.

Prière sur les offrandes

Puissions-nous être purifiés, Seigneur, par l'offrande consacrée à ton nom ; qu'elle nous conduise, de jour en jour, à vivre de la vie du ciel. Par le Christ, notre Seigneur. — ***Amen.***

Antienne de la communion

Goûtez et voyez : le Seigneur est bon !
Heureux qui trouve en lui son refuge !
(Ps 33, 9)

OU

Venez à moi, vous tous
qui peinez sous le poids du fardeau,
et moi, je vous procurerai le repos,
dit le Seigneur. (Mt 11, 28)

Prière après la communion

Comblés de si grands bienfaits, nous te supplions, Seigneur : fais que nous en retirions des fruits pour notre salut et que jamais nous ne cessions de chanter ta louange. Par le Christ, notre Seigneur. — ***Amen.***

INVITATION

Je nomme dans ma prière ma crainte du moment. Puis j'écoute Jésus me dire : « Ne crains pas, crois seulement. »

COMMENTAIRE

Confiance irrésistible Marc 5, 21-43

Jésus semble incapable de résister à la confiance qui lui est faite. Foi inconditionnelle de cette femme qui, se sachant impure, ose tout de même toucher le Maître ; foi d'un père dont la petite fille est happée par la mort. « Ne crains pas, crois seulement. » Laissons résonner dans nos cœurs l'invitation de celui qui, cloué sur une croix, dépouillé de tout, gardera obstinément le regard orienté vers son Père et notre Père. ■

Sœur Bénédicte de la Croix, cistercienne

MERCREDI 5 FÉVRIER 2025

4E SEMAINE DU TEMPS ORDINAIRE COULEUR LITURGIQUE : ROUGE

Sainte Agathe

IIIe siècle. Jeune Sicilienne, martyre à Catane. Pour avoir repoussé les avances d'un puissant et être restée fidèle au Christ, elle fut atrocement mutilée.

2 - 8

Antienne d'ouverture

Voici qu'elle suit l'Agneau, crucifié pour nous,
la vierge fidèle, victime pure, offrande immaculée.

OU

Bienheureuse vierge, renonçant à elle-même et portant sa croix,
elle a imité le Seigneur, époux des vierges et prince des martyrs.

Prière

Nous t'en prions, Seigneur, que la bienheureuse Agathe, vierge et martyre, implore pour nous ton pardon, elle qui sut toujours te plaire par le courage de son martyre et le mérite de sa chasteté. Par Jésus… — ***Amen.***

Lecture

de la lettre aux Hébreux (12, 4-7.11-15)

« Quand le Seigneur aime quelqu'un, il lui donne de bonnes leçons »

Frères, vous n'avez pas encore résisté jusqu'au sang dans votre lutte contre le péché, et vous avez oublié cette parole de réconfort, qui vous est adressée comme à des fils : *Mon fils, ne néglige pas les leçons du Seigneur, ne te décourage pas quand il te fait des reproches. Quand le Seigneur aime quelqu'un, il lui donne de bonnes leçons ; il corrige tous ceux*

qu'il accueille comme ses fils. Ce que vous endurez est une leçon. Dieu se comporte envers vous comme envers des fils ; et quel est le fils auquel son père ne donne pas des leçons ? Quand on vient de recevoir une leçon, on n'éprouve pas de la joie mais plutôt de la tristesse. Mais plus tard, quand on s'est repris grâce à la leçon, celle-ci produit un fruit de paix et de justice. C'est pourquoi, redressez les mains inertes et les genoux qui fléchissent, et rendez droits pour vos pieds les sentiers tortueux. Ainsi, celui qui boite ne se fera pas d'entorse ; bien plus, il sera guéri. Recherchez activement la paix avec tous, et la sainteté sans laquelle personne ne verra le Seigneur. Soyez vigilants : que personne ne se dérobe à la grâce de Dieu, qu'il ne pousse chez vous aucune plante aux fruits amers, cela causerait du trouble, et beaucoup en seraient infectés. – Parole du Seigneur.

Psaume 102 (103)

℟ L'amour du Seigneur, sur ceux qui le craignent, est de toujours à toujours.

Bénis le Seigneur, ô mon âme,
bénis son nom très saint, tout mon être !
Bénis le Seigneur, ô mon âme,
n'oublie aucun de ses bienfaits ! ℟

Comme la tendresse du père pour ses fils,
la tendresse du Seigneur pour qui le craint !
Il sait de quoi nous sommes pétris,
il se souvient que nous sommes poussière. ℟

Mais l'amour du Seigneur,
sur ceux qui le craignent,
est de toujours à toujours,
et sa justice pour les enfants de leurs enfants,
pour ceux qui gardent son alliance. ℟

Acclamation de l'Évangile

Alléluia. Alléluia. Mes brebis écoutent ma voix, dit le Seigneur ; moi, je les connais, et elles me suivent. ***Alléluia.***

Évangile de Jésus Christ

selon saint Marc (6, 1-6)

« Un prophète n'est méprisé que dans son pays »

En ce temps-là, Jésus se rendit dans son lieu d'origine, et ses disciples le suivirent. Le jour du sabbat, il se mit à enseigner dans la synagogue. De nombreux auditeurs, frappés d'étonnement, disaient : « D'où cela lui vient-il ? Quelle est cette sagesse qui lui a été donnée, et ces grands miracles qui se réalisent par ses mains ? N'est-il pas le charpentier, le fils de Marie, et le frère de Jacques, de José, de Jude et de Simon ? Ses sœurs ne sont-elles pas ici chez nous ? » Et ils étaient profondément choqués à son sujet.

Jésus leur disait : « Un prophète n'est méprisé que dans son pays, sa parenté et sa maison. » Et là il ne pouvait accomplir aucun miracle ; il guérit seulement quelques malades en leur imposant les mains. Et il s'étonna de leur manque de foi. Alors Jésus parcourait les villages d'alentour en enseignant.

Prière sur les offrandes

Seigneur, nous te présentons ces offrandes en célébrant sainte Agathe : accepte-les avec bienveillance, nous t'en prions, comme tu as accueilli le combat de son martyre. Par le Christ, notre Seigneur. — ***Amen.***

Antienne de la communion
L'Agneau qui se tient
au milieu du Trône
les conduira aux sources
des eaux de la vie.
(cf. Ap 7, 17)

Prière après la communion
Seigneur Dieu, tu as donné à sainte Agathe d'être couronnée parmi les saints, au double titre de vierge et de martyre ; par la force de ce sacrement, rends-nous forts pour surmonter le mal et obtenir ainsi la gloire du ciel. Par le Christ, notre Seigneur. — ***Amen.***

INVITATION

Je confie spécialement au Seigneur les personnes de mon entourage qui n'ont pas la foi.

COMMENTAIRE

Il est le premier — Psaume 102 (103)

« Bénis le Seigneur, ô mon âme. » Le Créateur a l'initiative, il est le premier à bénir l'homme et l'univers qui lui sert d'écrin. Devant l'œuvre de ses mains, Dieu s'extasie : tout cela est bon et beau. Nos paroles de bénédiction font écho à ce bien dire premier et répercutent à travers le temps et l'espace l'éblouissement qui a présidé à l'éclosion des mondes. « Bénis le Seigneur, ô mon âme, n'oublie aucun de ses bienfaits ! » ■

***Sœur Bénédicte de la Croix**, cistercienne*

JEUDI 6 FÉVRIER 2025

4e SEMAINE DU TEMPS ORDINAIRE COULEUR LITURGIQUE : ROUGE

Saint Paul Miki et ses compagnons

XVIe siècle. Paul Miki, jésuite japonais, était l'un des vingt-six chrétiens – religieux et laïcs – qui furent crucifiés sur une colline, près de Nagasaki.

Antienne d'ouverture

Elles se réjouissent dans les cieux, les âmes des saints qui ont suivi les traces du Christ ; ils ont répandu leur sang par amour pour lui : c'est pourquoi ils exultent avec lui pour l'éternité.

OU

Les saints martyrs ont versé leur sang pour le Seigneur ; par leur vie ils ont aimé le Christ, ils l'ont imité dans leur mort, méritant ainsi les couronnes des vainqueurs.

Prière

Seigneur Dieu, force de tous les saints, tu as appelé les saints martyrs Paul Miki et ses compagnons à entrer dans la vie en passant par la croix ; accorde-nous, à leur intercession, la force de garder jusqu'à la mort la foi que nous proclamons. Par Jésus… — ***Amen.***

Lecture

de la lettre aux Hébreux (12, 18-19.21-24)

« Vous êtes venus vers la montagne de Sion et vers la ville du Dieu vivant »

Frères, quand vous êtes venus vers Dieu, vous n'êtes pas venus vers une réalité palpable, embrasée par le feu, comme la montagne du Sinaï :

pas d'obscurité, de ténèbres ni d'ouragan, pas de son de trompettes ni de paroles prononcées par cette voix que les fils d'Israël demandèrent à ne plus entendre. Le spectacle était si effrayant que Moïse dit : *Je suis effrayé et tremblant.* Mais vous êtes venus vers la montagne de Sion et vers la ville du Dieu vivant, la Jérusalem céleste, vers des myriades d'anges en fête et vers l'assemblée des premiers-nés dont les noms sont inscrits dans les cieux. Vous êtes venus vers Dieu, le juge de tous, et vers les esprits des justes amenés à la perfection. Vous êtes venus vers Jésus, le médiateur d'une alliance nouvelle, et vers le sang de l'aspersion, son sang qui parle plus fort que celui d'Abel.
– Parole du Seigneur.

Psaume 47 (48)

℟ ***Dieu, nous revivons ton amour au milieu de ton temple.***

Il est grand, le Seigneur, hautement loué,
dans la ville de notre Dieu,
sa sainte montagne, altière et belle,
joie de toute la terre. ℟

La montagne de Sion, c'est le pôle du monde,
la cité du grand roi ;
Dieu se révèle, en ses palais,
vraie citadelle. ℟

Nous l'avions entendu, nous l'avons vu
dans la ville du Seigneur, Dieu de l'univers,
dans la ville de Dieu, notre Dieu,
qui l'affermira pour toujours. ℟

Dieu, nous revivons ton amour
au milieu de ton temple.
Ta louange, comme ton nom,
couvre l'étendue de la terre. ℟

Acclamation de l'Évangile

Alléluia. Alléluia. Le règne de Dieu est tout proche. Convertissez-vous et croyez à l'Évangile. ***Alléluia.***

Évangile de Jésus Christ

selon saint Marc (6, 7-13)

« Il commença à les envoyer en mission »

En ce temps-là, Jésus appela les Douze ; alors il commença à les envoyer en mission deux par deux. Il leur donnait autorité sur les esprits impurs, et il leur prescrivit de ne rien prendre pour la route, mais seulement un bâton ; pas de pain, pas de sac, pas de pièces de monnaie dans leur ceinture. « Mettez des sandales, ne prenez pas de tunique de rechange. » Il leur disait encore : « Quand vous avez trouvé l'hospitalité dans une maison, restez-y jusqu'à votre départ. Si, dans une localité, on refuse de vous accueillir et de vous écouter, partez et secouez la poussière de vos pieds : ce sera pour eux un témoignage. » Ils partirent, et proclamèrent qu'il fallait se convertir. Ils expulsaient beaucoup de démons*, faisaient des onctions d'huile à de nombreux malades, et les guérissaient.

Prière sur les offrandes

Reçois, Père très saint, les offrandes que nous te présentons en faisant mémoire de tes saints martyrs ; accorde aux serviteurs que nous sommes d'être inébranlables dans la confession de ton nom. Par le Christ, notre Seigneur. ***— Amen.***

JEUDI 6 FÉVRIER 2025

Antienne de la communion
Vous avez tenu bon avec moi
dans mes épreuves. Et moi, je dispose
pour vous du Royaume,
dit le Seigneur ; ainsi vous mangerez et
boirez à ma table dans mon Royaume.
(cf. Lc 22, 28.30)
OU
Elle est grande auprès de Dieu,
la récompense des saints : ils sont morts
pour le Christ et vivent à jamais.

Prière après la communion
Seigneur Dieu, en tes saints martyrs tu as fait resplendir de manière admirable le mystère de la croix ; puisque nous sommes fortifiés par ce sacrifice, accorde-nous de rester fidèlement unis au Christ, et de travailler dans l'Église au salut de tous. Par le Christ, notre Seigneur. – ***Amen.***

INVITATION

Jésus envoie ses disciples en mission, sans argent ni vêtement de rechange. Et moi, qu'est-ce que Jésus m'appelle à laisser pour être envoyé à la suite des Douze ?

COMMENTAIRE

« Yalla », en avant ! Hébreux 12, 18-19.21-24

Nos existences de baptisés sont orientées, elles se déploient comme un pèlerinage vers le trône de Dieu et de l'Agneau. Dans l'abside de certaines de nos églises, des anges sont peints. Un rappel lumineux : nos célébrations se déroulent en présence « des myriades d'anges en fête » et de tous ceux qui nous ont précédés dans le Royaume. Nous marchons tendus vers l'avant et, merveille, la vie éternelle est déjà commencée ! ■

Sœur Bénédicte de la Croix, *cistercienne*

❊ CLÉ DE LECTURE

« Ils expulsaient beaucoup de démons » Marc 6, 13 *(p. 59)*

L'évangile de Marc insiste beaucoup sur cet aspect de la mission de Jésus : chasser les démons. Son premier geste à Capharnaüm est de délivrer un homme possédé d'un esprit impur, d'autres suivront. Et Jésus envoie ses disciples annoncer la Bonne Nouvelle du règne de Dieu avec le pouvoir d'abord d'expulser les démons. C'est un thème majeur de l'Évangile : Jésus vient combattre et défaire les forces du Mal et de la mort, tout ce qui abîme et détruit l'être humain dans sa vie personnelle et sociale. Ce combat, anticipé par la lutte avec Satan dans le désert, est mené jusque sur la Croix. Pour Marc, la manifestation première et décisive du Règne qui vient est la défaite du Mal. Jésus confie à ses disciples de la mettre en œuvre partout où ils iront. ■

Roselyne Dupont-Roc, *bibliste*

VENDREDI 7 FÉVRIER 2025

4E SEMAINE DU TEMPS ORDINAIRE COULEUR LITURGIQUE : VERT

Temps ordinaire, *suggestion d'oraisons et d'antiennes n° 15*

Antienne d'ouverture

Moi, par ta justice, je verrai ta face ;
quand ta gloire se manifestera, je serai rassasié.
(cf. Ps 16, 15)

Prière

Seigneur Dieu, tu montres aux égarés la lumière de ta vérité pour qu'ils puissent reprendre le bon chemin ; donne à tous ceux qui se déclarent chrétiens de rejeter ce qui est contraire à ce nom et de rechercher ce qui lui fait honneur. Par Jésus…
— Amen.

Lecture

de la lettre aux Hébreux (13, 1-8)

« Jésus Christ, hier et aujourd'hui, est le même, il l'est pour l'éternité »

Frères, que demeure l'amour fraternel ! N'oubliez pas l'hospitalité : elle a permis à certains, sans le savoir, de recevoir chez eux des anges. Souvenez-vous de ceux qui sont en prison, comme si vous étiez prisonniers avec eux. Souvenez-vous de ceux qui sont maltraités, car vous aussi, vous avez un corps. Que le mariage soit honoré de tous, que l'union conjugale ne soit pas profanée, car les débauchés et les adultères seront

jugés par Dieu. Que votre conduite ne soit pas inspirée par l'amour de l'argent : contentez-vous de ce que vous avez, car Dieu lui-même a dit : *Jamais je ne te lâcherai, jamais je ne t'abandonnerai.* C'est pourquoi nous pouvons dire en toute assurance : *Le Seigneur est mon secours, je n'ai rien à craindre ! Que pourrait me faire un homme ?* Souvenez-vous de ceux qui vous ont dirigés : ils vous ont annoncé la parole de Dieu. Méditez sur l'aboutissement de la vie qu'ils ont menée, et imitez leur foi. Jésus Christ, hier et aujourd'hui, est le même, il l'est pour l'éternité. – Parole du Seigneur.

Psaume 26 (27)

℟ ***Le Seigneur est ma lumière et mon salut.***

Le Seigneur est ma lumière et mon salut ;
de qui aurais-je crainte ?
Le Seigneur est le rempart de ma vie ;
devant qui tremblerais-je ? ℟

Qu'une armée se déploie devant moi,
mon cœur est sans crainte ;
que la bataille s'engage contre moi,
je garde confiance. ℟

Oui, il me réserve un lieu sûr
au jour du malheur ;
il me cache au plus secret de sa tente,
il m'élève sur le roc. ℟

C'est ta face, Seigneur, que je cherche :
ne me cache pas ta face.
N'écarte pas ton serviteur avec colère :
tu restes mon secours. ℟

Acclamation de l'Évangile

Alléluia. Alléluia. Heureux ceux qui ont entendu la Parole dans un cœur bon et généreux, qui la retiennent et portent du fruit par leur persévérance. ***Alléluia.***

Évangile de Jésus Christ

selon saint Marc (6, 14-29)

« Celui que j'ai fait décapiter, Jean, le voilà ressuscité ! »

En ce temps-là, comme le nom de Jésus devenait célèbre, le roi Hérode en entendit parler. On disait : « C'est Jean, celui qui baptisait : il est ressuscité d'entre les morts, et voilà pourquoi des miracles se réalisent par lui. » Certains disaient : « C'est le prophète Élie. » D'autres disaient encore : « C'est un prophète comme ceux de jadis. » Hérode entendait ces propos et disait : « Celui que j'ai fait décapiter, Jean, le voilà ressuscité ! » Car c'était lui, Hérode, qui avait donné l'ordre d'arrêter Jean et de l'enchaîner dans la prison, à cause d'Hérodiade, la femme de son frère Philippe, que lui-même avait prise pour épouse. En effet, Jean lui disait : « Tu n'as pas le droit de prendre la femme de ton frère. »

Hérodiade en voulait donc à Jean, et elle cherchait à le faire mourir. Mais elle n'y arrivait pas parce que Hérode avait peur de Jean : il savait que c'était un homme juste et saint, et il le protégeait ; quand il l'avait entendu, il était très embarrassé ; cependant il l'écoutait avec plaisir.

Or, une occasion favorable se présenta quand, le jour de son anniversaire, Hérode fit un dîner pour ses dignitaires, pour les chefs de l'armée et pour les notables de la Galilée. La fille d'Hérodiade fit son entrée

et dansa. Elle plut à Hérode et à ses convives. Le roi dit à la jeune fille : « Demande-moi ce que tu veux, et je te le donnerai. » Et il lui fit ce serment : « Tout ce que tu me demanderas, je te le donnerai, même si c'est la moitié de mon royaume. » Elle sortit alors pour dire à sa mère : « Qu'est-ce que je vais demander ? » Hérodiade répondit : « La tête de Jean, celui qui baptise. »
Aussitôt la jeune fille s'empressa de retourner auprès du roi, et lui fit cette demande : « Je veux que, tout de suite, tu me donnes sur un plat la tête de Jean le Baptiste. » Le roi fut vivement contrarié ; mais à cause du serment et des convives, il ne voulut pas lui opposer un refus. Aussitôt il envoya un garde avec l'ordre d'apporter la tête de Jean. Le garde s'en alla décapiter Jean dans la prison. Il apporta la tête sur un plat, la donna à la jeune fille, et la jeune fille la donna à sa mère.
Ayant appris cela, les disciples de Jean vinrent prendre son corps et le déposèrent dans un tombeau.

Prière sur les offrandes

Regarde, Seigneur, les dons de l'Église qui te supplie : accorde à tes fidèles qui vont les recevoir la grâce d'une sainteté plus grande. Par le Christ, notre Seigneur. — ***Amen.***

Antienne de la communion

Le passereau lui-même s'est trouvé une maison, et la tourterelle, un nid pour abriter sa couvée : tes autels, Seigneur de l'univers, mon Roi et mon Dieu ! Heureux les habitants de ta maison : ils te loueront pour les siècles des siècles. (cf. Ps 83, 4-5)

OU

Celui qui mange ma chair
et boit mon sang demeure en moi,
et moi, je demeure en lui,
dit le Seigneur.
(Jn 6, 56)

Prière après la communion

Nous avons reçu tes bienfaits, Seigneur, et nous te supplions : chaque fois que nous célébrons ce mystère, fais grandir en nous ton œuvre de salut. Par le Christ, notre Seigneur. **— *Amen.***

INVITATION

Bien que contrarié, Hérode a fait décapiter Jean le Baptiste.

Seigneur, aide-moi à tenir bon et à faire ce qui est juste,
en toute circonstance.

COMMENTAIRE

Où est la vie ?

Marc 6, 14-29

L'austérité de Jean le Baptiste, vivant au désert de miel sauvage et de sauterelles, contraste avec l'ambiance du repas et de la danse qui président à son exécution. Deux mondes parallèles tissant une histoire unique. L'un exalte le luxe, le pouvoir et la violence ; l'autre s'enracine dans la recherche de Dieu et la nécessité de la conversion. À chacun incombe de choisir les valeurs qui conduisent à la vie, une vie éternelle. ■

***Sœur Bénédicte de la Croix**, cistercienne*

SAMEDI 8 FÉVRIER 2025

4E SEMAINE DU TEMPS ORDINAIRE COULEUR LITURGIQUE : VERT

Temps ordinaire, *suggestion d'oraisons et d'antiennes nº 16*
ou **bienheureuse Vierge Marie,** *voir p. 18,* *ou* **saint Jérôme Émilien,** *voir p. 71,*
ou **sainte Joséphine Bakhita,** *voir p. 72*

Antienne d'ouverture

Voici que Dieu vient à mon aide,
le Seigneur est le soutien de mon âme.
De grand cœur, je t'offrirai le sacrifice,
je confesserai ton nom, car il est bon ! (cf. Ps 53, 6.8)

Prière

Sois favorable à tes fidèles, Seigneur, et, dans ta bonté, multiplie pour eux les dons de ta grâce, afin que, brûlant de charité, de foi et d'espérance, ils soient toujours vigilants pour garder tes commandements. Par Jésus… ***— Amen.***

Lecture

de la lettre aux Hébreux (13, 15-17.20-21)

« Que le Dieu de la paix, lui qui a fait remonter d'entre les morts le Pasteur par excellence, vous forme en tout ce qui est bon »

Frères, en toute circonstance, offrons à Dieu, par Jésus, un sacrifice de louange, c'est-à-dire les paroles de nos lèvres qui proclament son nom. N'oubliez pas d'être généreux et de partager. C'est par de tels sacrifices que l'on plaît à Dieu. Faites confiance à ceux qui vous dirigent et soyez-leur soumis ; en effet, ils sont là pour veiller sur vos âmes, ce dont ils auront

à rendre compte. Ainsi, ils accompliront leur tâche avec joie, sans avoir à se plaindre, ce qui ne vous serait d'aucun profit.
Que le Dieu de la paix, lui qui a fait remonter d'entre les morts, grâce au sang de l'Alliance éternelle, le berger des brebis, le Pasteur par excellence, notre Seigneur Jésus, que ce Dieu vous forme en tout ce qui est bon pour accomplir sa volonté, qu'il réalise en nous ce qui est agréable à ses yeux, par Jésus Christ, à qui appartient la gloire pour les siècles des siècles. Amen.
– Parole du Seigneur.

Psaume 22 (23)

℟ ***Le Seigneur est mon berger : rien ne saurait me manquer.***

Le Seigneur est mon berger :
je ne manque de rien.
Sur des prés d'herbe fraîche,
il me fait reposer. ℟

Il me mène vers les eaux tranquilles
et me fait revivre ;
il me conduit par le juste chemin
pour l'honneur de son nom. ℟

Si je traverse les ravins de la mort,
je ne crains aucun mal,
car tu es avec moi :
ton bâton me guide et me rassure. ℟

Tu prépares la table pour moi
devant mes ennemis ;
tu répands le parfum sur ma tête,
ma coupe est débordante. ℟

Grâce et bonheur m'accompagnent
tous les jours de ma vie ;
j'habiterai la maison du Seigneur
pour la durée de mes jours. ℟

Acclamation de l'Évangile

Alléluia. Alléluia. Mes brebis écoutent ma voix, dit le Seigneur ; moi, je les connais, et elles me suivent. ***Alléluia.***

Évangile de Jésus Christ

selon saint Marc (6, 30-34)

« Ils étaient comme des brebis sans berger »

En ce temps-là, les Apôtres se réunirent auprès de Jésus, et lui annoncèrent tout ce qu'ils avaient fait et enseigné. Il leur dit : « Venez à l'écart dans un endroit désert, et reposez-vous un peu. » De fait, ceux qui arrivaient et ceux qui partaient étaient nombreux, et l'on n'avait même pas le temps de manger. Alors, ils partirent en barque pour un endroit désert, à l'écart. Les gens les virent s'éloigner, et beaucoup comprirent leur intention. Alors, à pied, de toutes les villes, ils coururent là-bas et arrivèrent avant eux. En débarquant, Jésus vit une grande foule. Il fut saisi de compassion envers eux, parce qu'ils étaient comme des brebis sans berger. Alors, il se mit à les enseigner longuement.

Prière sur les offrandes

Seigneur Dieu, dans le sacrifice unique et parfait de ton Fils, tu as porté à leur achèvement les multiples sacrifices de l'ancienne Loi ; reçois maintenant le sacrifice offert par tes fidèles serviteurs et sanctifie-le comme tu as béni les présents d'Abel : que les dons offerts par chacun pour honorer ta gloire servent au salut de tous. Par le Christ, notre Seigneur. ***— Amen.***

Antienne de la communion

Le Seigneur est tendresse et pitié ;
de ses merveilles il a laissé
un mémorial. Il a donné des vivres
à ceux qui le craignent. (cf. Ps 110, 4-5)

OU

Voici que je me tiens à la porte,
et je frappe, dit le Seigneur.
Si quelqu'un entend ma voix
et ouvre la porte, j'entrerai chez lui ;
je prendrai mon repas avec lui,
et lui avec moi. (Ap 3, 20)

Prière après la communion

Dans ta bienveillance, reste auprès de ton peuple, nous t'en prions, Seigneur ; puisque tu l'as initié aux sacrements du ciel, fais-le passer de ce qui est ancien à la vie nouvelle. Par le Christ, notre Seigneur. — ***Amen.***

INVITATION

On fête sainte Joséphine Bakhita. Je peux prier pour toutes les personnes qui, aujourd'hui encore, sont victimes d'esclavage moderne.

COMMENTAIRE

Jusqu'aux entrailles Marc 6, 30-34

Délicatesse de Jésus attentif à la fatigue de ses disciples de retour de mission : « Reposez-vous un peu. » Mais la foule a précédé le Maître là où il pensait pouvoir être enfin seul avec les siens. Il est remué jusqu'aux entrailles ; sa compassion l'emporte sur la fatigue et le besoin de solitude et d'intimité avec ses proches. Bon Pasteur, le Christ ne manque pas une occasion de livrer sa vie pour ses brebis. ■

Sœur Bénédicte de la Croix, *cistercienne*

Saint Jérôme Émilien

Couleur liturgique : blanc

XVe-XVIe siècles. Ancien soldat vénitien converti en captivité, il fonda en 1534 la Compagnie des Serviteurs des Pauvres pour l'éducation des enfants abandonnés.

Antienne d'ouverture

Laissez les enfants venir à moi,
dit le Seigneur. Ne les empêchez pas,
car le royaume de Dieu est à ceux
qui leur ressemblent. (cf. Mc 10, 14)

Prière

Dieu, Père des miséricordes, tu as donné aux orphelins saint Jérôme Émilien comme père et protecteur ; par son intercession, accorde-nous de garder fidèlement l'esprit d'adoption par lequel nous sommes appelés tes fils, et nous le sommes vraiment. Par Jésus… – ***Amen.***

Prière sur les offrandes

Accepte, Seigneur, nous t'en prions, le sacrifice que ton peuple consacré t'offre aujourd'hui en mémoire de saint Jérôme Émilien ; fais qu'en ayant participé à ce mystère, nous devenions des témoins de ta charité. Par le Christ, notre Seigneur. – ***Amen.***

Antienne de la communion

Si vous ne changez pas pour devenir
comme les enfants,
dit le Seigneur, vous n'entrerez pas
dans le royaume des Cieux.
(Mt 18, 3)

Prière après la communion

Dieu tout-puissant, fais que nous trouvions un soutien dans ce repas sacré, pour qu'à l'exemple de saint Jérôme Émilien, nous manifestions dans notre cœur et par nos actes la charité fraternelle et la lumière de la vérité. Par le Christ, notre Seigneur. – ***Amen.***

SAMEDI 8 FÉVRIER 2025

Sainte Joséphine Bakhita

Couleur liturgique : blanc

Vers 1868-1947. Après avoir connu l'horreur de l'esclavage, cette native du Darfour devint religieuse canossienne en Italie. Canonisée en 2000, elle est la première sainte soudanaise.

Antienne d'ouverture

Voici la vierge sage, elle est au nombre
des jeunes filles prévoyantes ;
sa lampe allumée, elle est sortie
à la rencontre du Christ.

Prière

Dieu notre Père, tu as conduit sainte Joséphine de l'abaissement de l'esclavage à l'honneur d'être ta fille et de devenir l'épouse du Christ ; accorde-nous, à son exemple, de suivre d'un amour fidèle le Seigneur Jésus crucifié et de répandre la miséricorde avec une inlassable charité. Par Jésus… **— *Amen.***

Prière sur les offrandes

Nous proclamons tes merveilles, accomplies en la bienheureuse vierge, sainte Joséphine Bakhita, Seigneur, Dieu de majesté, et nous te supplions humblement : toi qui appréciais les mérites de sa vie, accepte l'hommage de notre service. Par le Christ, notre Seigneur. **— *Amen.***

Antienne de la communion

Voici l'Époux qui vient !
Sortez à la rencontre du Christ,
le Seigneur. (cf. Mt 25, 6)

Prière après la communion

En participant au don que tu nous as fait, Seigneur notre Dieu, nous avons renouvelé nos forces, et nous te supplions encore : qu'à l'exemple de sainte Joséphine Bakhita, portant dans notre corps la mort de Jésus, nous cherchions à nous attacher à toi seul. Par le Christ, notre Seigneur. **— *Amen.***

DIMANCHE 9 FÉVRIER 2025

5E DIMANCHE DU TEMPS ORDINAIRE

ANNÉE C – COULEUR LITURGIQUE : VERT

© Gaëtan Évrard

« Sur ta parole, je vais jeter les filets. » Les pêcheurs ont travaillé toute la nuit sans rien prendre. Suite à l'intervention de Jésus, les filets sont pleins, prêts à se déchirer ! En ce dimanche, le Christ nous invite à devenir pêcheurs d'homme, à témoigner de la Bonne Nouvelle autour de nous. Cette mission peut être ardue et semée d'embûches, mais le Seigneur veille. Soyons confiants en son action à travers nous.

RITES INITIAUX

Chant d'entrée *(Suggestions p. 239)*

OU

Antienne d'ouverture

Venez, adorons Dieu, prosternons-nous devant le Seigneur
qui nous a faits, car il est notre Dieu. (cf. Ps 94, 6-7)

Suggestion de préparation pénitentielle *(ou p. 210)*

« Éloigne-toi de moi car je suis un homme pécheur. » Confiants dans le Christ qui nous invite à être sans crainte, tournons-nous vers Dieu et reconnaissons notre péché.

Seigneur Jésus, toi qui es amour et vérité, tu fais grandir en notre âme ta force. Kyrie, eleison.

– Kyrie, eleison.

Ô Christ, toi qui es venu pour nous sauver, tu nous donnes de rester fidèles à ton Évangile. Christe, eleison.

– Christe, eleison.

Seigneur, toi qui nous appelles à devenir pêcheurs d'homme, tu viens nous donner ta force et ta paix. Kyrie, eleison.

– Kyrie, eleison.

Que Dieu tout-puissant nous fasse miséricorde ; qu'il nous pardonne nos péchés et nous conduise à la vie éternelle. ***– Amen.***

Gloire à Dieu *(p. 212)*

Prière
Dans ton inlassable tendresse, nous t'en prions, Seigneur, veille sur ta famille : elle s'appuie sur la grâce du ciel, son unique espérance ; qu'elle soit toujours assurée de ta protection. Par Jésus… ***– Amen.***

LITURGIE DE LA PAROLE

Lecture du livre du prophète Isaïe (6, 1-2a.3-8)

« Me voici : envoie-moi ! »

L'année de la mort du roi Ozias, je vis le Seigneur qui siégeait sur un trône très élevé ; les pans de son manteau remplissaient le Temple. Des séraphins se tenaient au-dessus de lui. Ils se criaient l'un à l'autre : « Saint ! Saint ! Saint, le Seigneur de l'univers ! Toute la terre est remplie de sa gloire. » Les pivots des portes se mirent à trembler à la voix de celui qui criait, et le Temple se remplissait de fumée. Je dis alors : « Malheur à moi ! je suis perdu, car je suis un homme aux lèvres impures, j'habite au milieu d'un peuple aux lèvres impures : et mes yeux ont vu le Roi, le Seigneur de l'univers ! » L'un des séraphins vola vers moi, tenant un charbon brûlant qu'il avait pris avec des pinces sur l'autel. Il l'approcha de ma bouche et dit : « Ceci a touché tes lèvres, et maintenant ta faute est enlevée, ton péché est pardonné. » J'entendis alors la voix du Seigneur qui disait : « Qui enverrai-je ? qui sera notre messager ? » Et j'ai répondu : « Me voici : envoie-moi ! » – Parole du Seigneur.

Psaume 137 (138)

℟ *Je te chante, Seigneur, en présence des anges.*

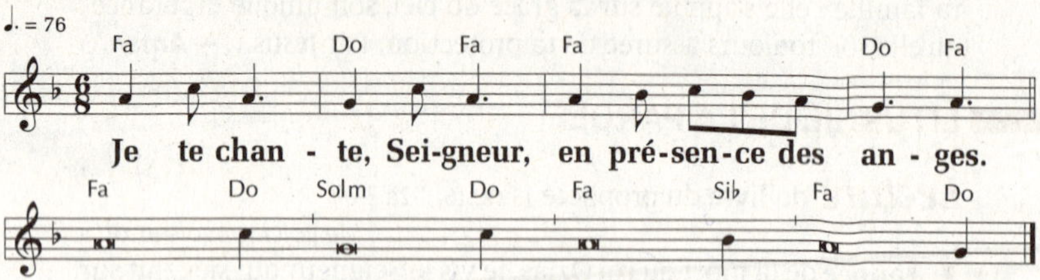

T. : AELF; M. : B. Delattre; Éd. : ADF.

De tout mon cœur, Seigneur, je te rends grâce :
tu as entendu les paroles de ma bouche.
Je te chante en présence des anges,
vers ton temple sacré, je me prosterne. ℟

Je rends grâce à ton nom pour ton amour et ta vérité,
car tu élèves, au-dessus de tout, ton nom et ta parole.
Le jour où tu répondis à mon appel,
tu fis grandir en mon âme la force. ℟

Tous les rois de la terre te rendent grâce
quand ils entendent les paroles de ta bouche.
Ils chantent les chemins du Seigneur :
« Qu'elle est grande, la gloire du Seigneur ! » ℟

Écoutez ce psaume sur **www.prionseneglise.fr/messe-du-dimanche**

Ta droite me rend vainqueur.
Le Seigneur fait tout pour moi !
Seigneur, éternel est ton amour :
n'arrête pas l'œuvre de tes mains. ℟

Lecture de la première lettre de saint Paul apôtre aux Corinthiens (15, 1-11)

(Lecture brève : 15, 3-8. 11)

« Voilà ce que nous proclamons, voilà ce que vous croyez »

Frères, je vous rappelle la Bonne Nouvelle que je vous ai annoncée ; cet Évangile, vous l'avez reçu ; c'est en lui que vous tenez bon, c'est par lui que vous serez sauvés si vous le gardez tel que je vous l'ai annoncé ; autrement, c'est pour rien que vous êtes devenus croyants.

Début de la lecture brève ———

Avant tout, je vous ai transmis ceci, que j'ai moi-même reçu : le Christ est mort pour nos péchés conformément aux Écritures, et il fut mis au tombeau ; il est ressuscité le troisième jour conformément aux Écritures, il est apparu à Pierre, puis aux Douze ; ensuite il est apparu à plus de cinq cents frères à la fois – la plupart sont encore vivants, et quelques-uns sont endormis dans la mort –, ensuite il est apparu à Jacques, puis à tous les Apôtres. Et en tout dernier lieu, il est même apparu à l'avorton que je suis.

Interruption de la lecture brève ———

Car moi, je suis le plus petit des Apôtres, je ne suis pas digne d'être appelé Apôtre, puisque j'ai persécuté l'Église de Dieu. Mais ce que je suis, je le suis par la grâce de Dieu, et sa grâce, venant en moi, n'a pas été stérile. Je me suis donné de la peine plus que tous les autres ; à vrai dire, ce n'est pas moi, c'est la grâce de Dieu avec moi.

Reprise de la lecture brève

Bref, qu'il s'agisse de moi ou des autres, voilà ce que nous proclamons, voilà ce que vous croyez.
– Parole du Seigneur.

Acclamation de l'Évangile

Alléluia. Alléluia. « Venez à ma suite, dit le Seigneur, et je vous ferai pêcheurs d'hommes. » ***Alléluia.***

U 29 ; M. : J.-J. Roux ; SM. Psalmodie : Michel Wackenheim ; Bayard Liturgie.

Évangile de Jésus Christ selon saint Luc (5, 1-11)

« Laissant tout, ils le suivirent »

En ce temps-là, la foule se pressait autour de Jésus pour écouter la parole de Dieu, tandis qu'il se tenait au bord du lac de Génésareth. Il vit deux barques qui se trouvaient au bord du lac ; les pêcheurs en étaient descendus et lavaient leurs filets. Jésus monta dans une des barques qui appartenait à Simon, et lui demanda de s'écarter un peu du rivage. Puis il s'assit et, de la barque, il enseignait les foules.

Quand il eut fini de parler, il dit à Simon : « Avance au large, et jetez vos filets pour la pêche. » Simon lui répondit : « Maître, nous avons peiné toute la nuit sans rien prendre ; mais, sur ta parole, je vais jeter les filets. » Et l'ayant fait, ils capturèrent une telle quantité de poissons que leurs filets allaient se déchirer. Ils firent signe à leurs compagnons de l'autre barque de venir les aider. Ceux-ci vinrent, et ils remplirent les deux barques, à tel point qu'elles enfonçaient. À cette vue, Simon-Pierre tomba aux genoux de Jésus, en disant : « Éloigne-toi de moi, Seigneur, car je suis un homme pécheur. » En effet, un grand effroi l'avait saisi, lui et tous ceux qui étaient avec lui, devant la quantité de poissons qu'ils avaient pêchés ; et de même Jacques et Jean, fils de Zébédée, les associés de Simon. Jésus dit à Simon : « Sois sans crainte, désormais ce sont des hommes que tu prendras. » Alors ils ramenèrent les barques au rivage et, laissant tout, ils le suivirent.

Homélie

Profession de foi *(p. 213)*

Suggestion de prière universelle

Le prêtre :

En ce dimanche où le Christ nous invite à devenir pêcheurs d'hommes, tournons-nous vers Dieu notre Père. Prions-le pour tous les habitants de la terre.

℟ ***Entends, Seigneur, la prière qui monte de nos cœurs.***

Bayard Liturgie.

Le diacre ou un lecteur :

« Désormais, ce sont des hommes que tu prendras. » Pour l'Église appelée à la sainteté pour témoigner de la Bonne Nouvelle à temps et à contretemps, Dieu notre Père, nous te prions. ℟

« Avance au large. » Pour nos responsables politiques qui ont à cœur de prendre soin de notre terre et de nos océans, Dieu notre Père, nous te prions. ℟

« Maître, nous avons peiné toute la nuit. » Pour les personnes qui vivent de la pêche, de l'élevage, de l'agriculture, et particulièrement pour celles qui peinent à vivre décemment, Dieu notre Père, nous te prions. ℟

« Ils firent signe à leurs compagnons de l'autre barque. » Pour notre communauté rassemblée, invitée à grandir dans la fraternité, dans la convivialité, dans l'accueil des exclus, Dieu notre Père, nous te prions. ℟

(Ces intentions seront adaptées ou modifiées selon les circonstances. On peut aussi s'inspirer de l'intention universelle du Saint-Père, p. 6.)

Le prêtre :

Dieu notre Père, toi qui nous appelles à avancer au large sans crainte, pose sur nous ton regard de compassion. Daigne exaucer nos prières, par le Christ, notre Seigneur. — ***Amen.***

LITURGIE EUCHARISTIQUE

Prière sur les offrandes

Seigneur notre Dieu, tu as choisi dans ta création ces aliments qui soutiennent notre fragilité ; nous t'en prions : fais qu'ils deviennent aussi pour nous le sacrement de la vie éternelle. Par le Christ, notre Seigneur. — ***Amen.***

Prière eucharistique *(Préface des dimanches, p. 216)*

Chant de communion *(Suggestions p. 239)*

OU

Antienne de la communion

Qu'ils rendent grâce au Seigneur pour sa miséricorde,
pour ses merveilles envers les hommes :
car il rassasie l'âme épuisée, il comble de biens celle qui a faim !
(cf. Ps 106, 8-9)

OU

Heureux ceux qui pleurent, car ils seront consolés.
Heureux ceux qui ont faim et soif de la justice,
car ils seront rassasiés.
(Mt 5, 4.6)

Prière après la communion

Tu as voulu, Seigneur Dieu, que nous ayons part au même pain et à la même coupe ; nous t'en prions : puisque nous sommes devenus un dans le Christ, que notre manière de vivre nous donne la joie de porter du fruit pour le salut du monde. Par le Christ, notre Seigneur.
— Amen.

RITE DE CONCLUSION

Bénédiction

Envoi

COMMENTAIRE DU DIMANCHE

Marie-Dominique Trébuchet, théologienne,
Institut Catholique de Paris

Réception, conversion, transmission

« Je vous ai transmis ce que moi-même j'ai reçu. » Cette parole de saint Paul adressée aux Corinthiens fait partie de ce que nous-mêmes nous recevons aujourd'hui comme parole de Dieu. C'est à son écoute que notre intelligence s'ouvre à la notion de transmission. Écoutons Paul, sa phrase nous révèle que la transmission est un processus dont le premier moment est la réception. Elle nous dit ensuite que le geste de transmission est le fait d'un acteur engagé, transformé par le message qu'il a reçu. Enfin, troisième élément, nous comprenons que la transmission est indissociablement un contenu (ce que je transmets) et un acte (je transmets).

Réception, conversion, transmission, voici les composantes de la Tradition vivante en Église, féconde si elle est à la fois fidèle •••

••• et inventive. Car l'autorité de la Tradition ne tient pas à un passé figé dont on pourrait être prisonnier – Paul lui-même s'est reconnu prisonnier des traditions (cf. Ga 1, 14) – mais au Christ mort et ressuscité dont nous faisons mémoire.
Nous en faisons tous l'expérience, pas de transmission sans confiance. Comment recevoir et se laisser transformer ? Comment faire quand cela résiste en nous ? Le récit de Luc dans l'évangile de ce jour en donne un bel exemple. Pierre doute, mais sa décision de faire confiance va l'amener à entrer dans un processus de transformation : il peut alors recevoir les paroles de Jésus, pour transmettre.

Où et comment suis-je actrice ou acteur de transmission dans ma communauté et dans ma famille ?
Est-ce que je témoigne concrètement du processus réception-conversion-transmission ? ■

PrionsenÉglise junior

LIRE L'ÉVANGILE AVEC LES ENFANTS

CE QUE JE DÉCOUVRE

Jésus confie une grande mission à Simon : faire connaître le message d'amour de Dieu à tous. Sans hésiter, Simon et ses amis laissent leur travail et suivent Jésus. Quand tu décides de faire confiance au Seigneur, le résultat est toujours surprenant ! **Tu fais ce que tu peux, comme Simon qui jette le filet une fois de plus.** Le Seigneur t'apporte son aide dans ce que tu fais. La pêche est énorme ! Jésus a besoin de toi pour agir. Et comme à Simon et ses amis, il te donne l'audace de le suivre.

CE QUE JE VIS

Es-tu parfois découragé quand ton travail ne donne pas de bons résultats ?
Ressens-tu l'aide de Jésus quand tu la lui demandes avec confiance ?
Debout, les mains ouvertes, répète : « Jésus, j'ai confiance en toi. »

Texte : Guillemine Tiberghien. Illustrations : Marcelino Truong

9 - 15

MÉDITATION BIBLIQUE

5E DIMANCHE DU TEMPS ORDINAIRE

Livre d'Isaïe 6, 1-2a.3-8

Une parole juste

La parole est fragile, elle ne se voit pas et ne tient souvent qu'à un souffle. Mais ses effets sont vertigineux.

Le temps de la préparation

« Le Seigneur a fait les cieux par sa parole, l'univers, par le souffle de sa bouche. » (Ps 32, 6)

Le temps de l'observation

Dans un moment de clarté et de lucidité, le prophète visualise une rencontre avec Dieu. La scène est impressionnante. Face à la présence de Dieu, Isaïe prend conscience de sa fragilité et de ce qui lui manque. Dans ce regard sur lui-même, il reconnaît que ses lèvres, comme celles de ses contemporains, sont impures. Il y a donc une dimension à la fois personnelle et collective dans ce retour à soi : Isaïe fait partie d'une époque et d'une société. Dans la Bible, la notion de pur et d'impur renvoie à une représentation symbolique du monde, où des éléments sont identifiés comme conduisant à la vie alors que d'autres mènent à la mort. Ce qui est impur, comme le sang ou les corps morts, peut contaminer le reste de l'existence en lui faisant perdre son sens. Avoir les lèvres impures signifie que l'usage de la parole n'a pas été au service de la vie et de son sens mais, qu'au contraire, elle a servi à la dévaloriser.

Le temps de la méditation

Parler, dire, appeler, ordonner, enseigner, instruire, conseiller, réprimander, accuser, jurer, bénir, maudire, chanter, glorifier, louer, confesser, prier, crier, se lamenter, murmurer, mentir, calomnier, confier, etc. La parole fait partie de nos vies, elle est au cœur de beaucoup de nos actes. Elle accompagne et donne sa consistance à la plupart de nos relations. Isaïe nous interroge. Au service de quoi utilisons-nous notre parole ? Aide-t-elle à donner du sens à la vie ou contribue-t-elle à en enlever, à l'amoindrir, à l'affadir ? Le cynisme, le désespoir, les petits dénigrements sont par exemple autant de coups de canifs portés au sens. L'usage de la parole est un levier puissant et redoutable. En reconnaissant le caractère inadéquat de sa parole, Isaïe est remis debout et prend la responsabilité de sa vocation prophétique. Il est désormais prêt à accomplir sa vie et à marcher sur le chemin qui est le sien.

Le temps de la prière

« Le Seigneur fait tout pour moi !
Seigneur, éternel est ton amour :
n'arrête pas l'œuvre
de tes mains. »
(Ps 137, 8) ■

Marie-Laure Durand,
bibliste

DES IMAGES POUR LA FOI

5E DIMANCHE DU TEMPS ORDINAIRE

L'équilibriste de Dieu

Le prophète Isaïe a accepté la mission que lui a confiée le Seigneur et nous invite à suivre son chemin : « Me voici : envoie-moi ! » (Is 6, 8).

Le commentaire du livre d'Isaïe écrit par saint Jérôme (IVe siècle) figurait dans toute bonne bibliothèque monastique médiévale. Réalisée à Citeaux au XIIe siècle, cette miniature qui ouvre une copie de l'ouvrage montre le prophète associé à l'initiale du premier mot du livre d'Isaïe : « *visio* » (vision). Cette lettrine se détache sur un fond où alternent des aplats rouges et bleu marbré. De forme hybride, elle allie la force de l'architecture à la souplesse du végétal et sa couleur (vert avec un fin liseré rouge), reprend celle du manteau du prophète. Le « fils d'Amots » (Is 1, 1) s'y tient comme un artiste circassien sur un trapèze : c'est un équilibriste de Dieu, il fait le lien entre le monde de Dieu et celui des hommes et doit souvent travailler sans filet ! L'attitude du prophète est dynamique, son regard porte au loin ; c'est un témoin qui, de son doigt, nous indique la direction à suivre. Le rouleau qu'il a en main reprend des passages du livre d'Isaïe qui sont lus comme des annonces de la venue du Messie : le rameau issu de « la souche de Jessé » (Is 11, 1), ainsi que l'évocation de la vierge dont le fils sera appelé « Emmanuel » (Is 7, 14). ■

Dominique Pierre

© akg-images / André Held

Miniature du *Commentaire d'Isaïe* de saint Jérôme, vers 1130. Bibliothèque municipale de Dijon (21).

LUNDI 10 FÉVRIER 2025

5ᴱ SEMAINE DU TEMPS ORDINAIRE COULEUR LITURGIQUE : BLANC

Sainte Scholastique

VIᵉ siècle. Sœur de saint Benoît de Nursie, elle fonda un monastère au pied du Mont-Cassin. Elle est considérée comme la première moniale bénédictine.

Antienne d'ouverture

Pour moi, comme un bel olivier dans la maison de Dieu,
j'espère en la miséricorde de mon Dieu, sans fin, à jamais. (cf. Ps 51, 10)

OU

Au royaume de ce monde, à toute sa splendeur,
j'ai préféré l'amour de mon Seigneur Jésus Christ,
je l'ai vu, je l'ai aimé, je lui ai donné ma foi, entre tous je l'ai choisi.

Prière

En célébrant la mémoire de la bienheureuse vierge Scholastique, Seigneur, nous te prions : fais qu'à son exemple, nous te servions avec une charité sans faille et que nous obtenions avec bonheur les bienfaits de ton amour. Par Jésus…

— Amen.

Lecture

du livre de la Genèse (1, 1-19)

« Dieu dit. Et ce fut ainsi »

Au commencement, Dieu créa le ciel et la terre. La terre était informe et vide, les ténèbres étaient au-dessus de l'abîme et le souffle de Dieu planait au-dessus des eaux. Dieu dit : « Que la lumière soit. » Et la lumière fut. Dieu vit que la lumière était bonne, et Dieu sépara la lumière des ténèbres. Dieu appela la lumière « jour », il appela les ténèbres « nuit ». Il y eut un soir, il y eut un matin : premier jour.

Et Dieu dit : « Qu'il y ait un firmament au milieu des eaux, et qu'il sépare les eaux. » Dieu fit le firmament, il sépara les eaux qui sont au-dessous du firmament et les eaux qui sont au-dessus. Et ce fut ainsi. Dieu appela le firmament « ciel ». Il y eut un soir, il y eut un matin : deuxième jour.

Et Dieu dit : « Les eaux qui sont au-dessous du ciel, qu'elles se rassemblent en un seul lieu, et que paraisse la terre ferme. » Et ce fut ainsi. Dieu appela la terre ferme « terre », et il appela la masse des eaux « mer ». Et Dieu vit que cela était bon.

Dieu dit : « Que la terre produise l'herbe, la plante qui porte sa semence, et que, sur la terre, l'arbre à fruit donne, selon son espèce, le fruit qui porte sa semence. » Et ce fut ainsi. La terre produisit l'herbe, la plante qui porte sa semence, selon son espèce, et l'arbre qui donne, selon son espèce, le fruit qui porte sa semence. Et Dieu vit que cela était bon. Il y eut un soir, il y eut un matin : troisième jour.

Et Dieu dit : « Qu'il y ait des luminaires au firmament du ciel, pour séparer le jour de la nuit ; qu'ils servent de signes pour marquer les fêtes, les jours et les années ; et qu'ils soient, au firmament du ciel, des luminaires pour éclairer la terre. » Et ce fut ainsi.

Dieu fit les deux grands luminaires : le plus grand pour commander au jour, le plus petit pour commander à la nuit ; il fit aussi les étoiles. Dieu les plaça au firmament du ciel pour éclairer la terre, pour commander au jour et à la nuit, pour séparer la

lumière des ténèbres. Et Dieu vit que cela était bon. Il y eut un soir, il y eut un matin : quatrième jour.
– Parole du Seigneur.

Psaume 103 (104)

℟ ***Que Dieu se réjouisse en ses œuvres !***

Bénis le Seigneur, ô mon âme ;
Seigneur mon Dieu, tu es si grand !
Revêtu de magnificence,
tu as pour manteau la lumière ! ℟

Tu as donné son assise à la terre :
qu'elle reste inébranlable
au cours des temps.
Tu l'as vêtue de l'abîme des mers :
les eaux couvraient
même les montagnes. ℟

Dans les ravins tu fais jaillir des sources
et l'eau chemine aux creux des montagnes ;
les oiseaux séjournent près d'elle :
dans le feuillage on entend leurs cris. ℟

Quelle profusion dans tes œuvres,
Seigneur !
Tout cela, ta sagesse l'a fait ;
la terre s'emplit de tes biens.
Bénis le Seigneur, ô mon âme ! ℟

Acclamation de l'Évangile

Alléluia. Alléluia. Jésus proclamait l'Évangile du Royaume et guérissait toute infirmité dans le peuple. ***Alléluia.***

Évangile de Jésus Christ

selon saint Marc (6, 53-56)

« Tous ceux qui touchèrent la frange de son manteau étaient sauvés »

En ce temps-là, après la traversée, abordant à Génésareth Jésus et ses disciples accostèrent. Ils sortirent de la barque, et aussitôt les gens reconnurent Jésus : ils parcoururent toute la région, et se mirent à apporter les malades sur des brancards là où l'on apprenait que Jésus se trouvait. Et dans tous les endroits où il se rendait, dans les villages, les villes ou les campagnes, on déposait les infirmes sur les places. Ils le suppliaient de leur laisser toucher ne serait-ce que la frange de son manteau. Et tous ceux qui la touchèrent étaient sauvés.

Prière sur les offrandes

Consacre, Seigneur, les dons que nous te présentons avec ferveur, en la mémoire de sainte Scholastique, toi qui nous enseignes, grâce au réconfort que tu nous donnes maintenant, à ne jamais désespérer des promesses éternelles. Par le Christ, notre Seigneur. ***— Amen.***

Antienne de la communion

D'heureuses paroles jaillissent
de mon cœur
quand je dis mes poèmes pour le roi.
(Ps 44, 2)

OU

Une seule chose est nécessaire.
Elle a choisi la meilleure part,
celle qui ne lui sera pas enlevée.
(Lc 10, 42)

Prière après la communion

Tu nous as recréés, Seigneur, aux sources du salut, et nous te supplions humblement : à l'intercession de sainte Scholastique, rends-nous capables, par un attachement de jour en jour plus intime au Christ, d'avoir part à la grâce dans son Royaume. Lui qui… — ***Amen.***

INVITATION

Les infirmes cherchaient à toucher la frange de son manteau.
Quel geste pourrais-je faire aujourd'hui pour exprimer à Dieu ma fragilité ?

COMMENTAIRE

Par sa parole

Genèse 1, 1-19

Le premier récit de la Création nous donne à contempler une sorte de grande liturgie cosmique. Étape après étape, Dieu fait exister les êtres par sa parole, puis sépare les ingrédients de son œuvre, où même les ténèbres trouvent une place. Remarquons que ce puissant maître d'œuvre est aussi capable de déléguer son autorité : il donne aux astres de « commander » et de « séparer », ainsi qu'il l'a fait lui-même. ■

***Jean-Marc Liautaud**, Fondacio*

MARDI 11 FÉVRIER 2025

5E SEMAINE DU TEMPS ORDINAIRE COULEUR LITURGIQUE : VERT

Temps ordinaire, *suggestion d'oraisons et d'antiennes n° 17*
ou **Notre-Dame de Lourdes,** *voir p. 101*

Antienne d'ouverture

Dieu se tient dans sa sainte demeure ;
Dieu fait habiter les siens unanimes dans sa maison :
c'est lui qui donne à son peuple force et puissance. (cf. Ps 67, 6-7.36)

Prière

Tu protèges, Seigneur Dieu, ceux qui espèrent en toi ; sans toi, rien n'est fort et rien n'est saint : multiplie pour nous les signes de ta miséricorde, afin que, sous ta conduite et sous ta direction, en faisant un bon usage des biens qui passent, nous puissions déjà nous attacher à ceux qui demeurent. Par Jésus… ***— Amen.***

Lecture

du livre de la Genèse (1, 20 – 2, 4a)

« Faisons l'homme à notre image, selon notre ressemblance »

Quand il créa le ciel et la terre, Dieu dit encore : « Que les eaux foisonnent d'une profusion d'êtres vivants, et que les oiseaux volent au-dessus de la terre, sous le firmament du ciel. » Dieu créa, selon leur espèce, les grands monstres marins, tous les êtres vivants qui vont et viennent et foisonnent dans les eaux, et aussi, selon leur espèce, tous les oiseaux qui volent. Et Dieu vit que cela était bon. Dieu les bénit par ces paroles : « Soyez féconds

et multipliez-vous, remplissez les mers, que les oiseaux se multiplient sur la terre. » Il y eut un soir, il y eut un matin : cinquième jour. Et Dieu dit : « Que la terre produise des êtres vivants selon leur espèce, bestiaux, bestioles et bêtes sauvages selon leur espèce. » Et ce fut ainsi. Dieu fit les bêtes sauvages selon leur espèce, les bestiaux selon leur espèce, et toutes les bestioles de la terre selon leur espèce. Et Dieu vit que cela était bon. Dieu dit : « Faisons l'homme à notre image, selon notre ressemblance. Qu'il soit le maître des poissons de la mer, des oiseaux du ciel, des bestiaux, de toutes les bêtes sauvages, et de toutes les bestioles qui vont et viennent sur la terre. » Dieu créa l'homme à son image, à l'image de Dieu il le créa, il les créa homme et femme. Dieu les bénit et leur dit : « Soyez féconds et multipliez-vous, remplissez la terre et soumettez-la. Soyez les maîtres des poissons de la mer, des oiseaux du ciel, et de tous les animaux qui vont et viennent sur la terre. » Dieu dit encore : « Je vous donne toute plante qui porte sa semence sur toute la surface de la terre, et tout arbre dont le fruit porte sa semence : telle sera votre nourriture. À tous les animaux de la terre, à tous les oiseaux du ciel, à tout ce qui va et vient sur la terre et qui a souffle de vie, je donne comme nourriture toute herbe verte. » Et ce fut ainsi. Et Dieu vit tout ce qu'il avait fait; et voici : cela était très bon. Il y eut un soir, il y eut un matin : sixième jour. Ainsi furent achevés le ciel et la terre, et tout leur déploiement. Le septième jour, Dieu avait achevé l'œuvre qu'il avait faite. Il se reposa, le septième jour, de toute l'œuvre qu'il avait faite. Et Dieu bénit le septième jour : il le sanctifia puisque, ce jour-là, il se reposa de toute l'œuvre de création qu'il avait faite. Telle fut l'origine du ciel et de la terre lorsqu'ils furent créés. – Parole du Seigneur.

Psaume 8

℞ ***Ô Seigneur notre Dieu, qu'il est grand, ton nom par toute la terre !***

À voir ton ciel, ouvrage de tes doigts,
la lune et les étoiles que tu fixas,
qu'est-ce que l'homme pour que tu penses à lui,
le fils d'un homme, que tu en prennes souci ? ℞

Tu l'as voulu un peu moindre qu'un dieu,
le couronnant de gloire et d'honneur ;
tu l'établis sur les œuvres de tes mains,
tu mets toute chose à ses pieds. ℞

Les troupeaux de bœufs et de brebis,
et même les bêtes sauvages,
les oiseaux du ciel
et les poissons de la mer,
tout ce qui va son chemin
dans les eaux. ℞

Acclamation de l'Évangile

Alléluia. Alléluia. Incline mon cœur vers tes exigences ; fais-moi la grâce de ta loi, Seigneur. ***Alléluia.***

Évangile de Jésus Christ

selon saint Marc (7, 1-13)

« Vous laissez de côté le commandement de Dieu, pour vous attacher à la tradition des hommes »

En ce temps-là, les pharisiens et quelques scribes, venus de Jérusalem, se réunissent auprès de Jésus, et voient quelques-uns de ses disciples prendre leur repas avec des mains impures, c'est-à-dire non lavées. – Les pharisiens en effet, comme tous les Juifs, se lavent toujours soigneusement les mains avant de manger, par attachement à la tradition des anciens* ; et au retour du marché, ils ne mangent pas avant de s'être aspergés d'eau, et ils sont attachés encore par tradition à beaucoup d'autres pratiques : lavage de coupes, de carafes et de plats. Alors les pharisiens et les scribes demandèrent à Jésus : « Pourquoi tes disciples ne suivent-ils pas la tradition des anciens ? Ils prennent leurs repas avec des mains impures. » Jésus leur répondit : « Isaïe a bien prophétisé à votre sujet, hypocrites, ainsi qu'il est écrit : *Ce peuple m'honore des lèvres, mais son cœur est loin de moi. C'est en vain qu'ils me rendent un culte ; les doctrines qu'ils enseignent ne sont que des préceptes humains.* Vous aussi, vous laissez de côté le commandement de Dieu, pour vous attacher à la tradition des hommes. »

Il leur disait encore : « Vous rejetez bel et bien le commandement de Dieu pour établir votre tradition. En effet, Moïse a dit : *Honore ton père et ta mère.* Et encore : *Celui qui maudit son père ou sa mère sera mis à mort.* Mais vous, vous dites : Supposons qu'un homme déclare à son père ou à sa mère : "Les ressources qui m'auraient permis de t'aider sont *korbane*, c'est-à-dire don réservé à Dieu", alors vous ne l'autorisez plus à faire quoi que ce soit pour son père ou sa mère ; vous annulez ainsi la parole de Dieu par la tradition que vous transmettez. Et vous faites beaucoup de choses du même genre. »

Prière sur les offrandes

Accueille, nous t'en prions, Seigneur, les dons prélevés pour toi sur tes propres largesses ; que ces mystères très saints, où ta grâce opère avec puissance, sanctifient notre vie de tous les jours et nous conduisent aux joies éternelles. Par le Christ, notre Seigneur. — ***Amen.***

Antienne de la communion

Bénis le Seigneur, ô mon âme,
n'oublie aucun de ses bienfaits.
(Ps 102, 2)

OU

Heureux les miséricordieux,
car ils obtiendront miséricorde.
Heureux les cœurs purs,
car ils verront Dieu. (Mt 5, 7-8)

Prière après la communion

Nous avons communié, Seigneur, au sacrement divin, mémorial à jamais de la passion de ton Fils ; nous t'en prions : fais servir à notre salut le don que lui-même nous a légué dans son amour inexprimable. Lui qui… — ***Amen.***

INVITATION

On fête Notre-Dame de Lourdes.
Je peux prier le chapelet en direct à 15 h 30 sur le site internet du sanctuaire ou en le suivant dans les médias.

COMMENTAIRE

À son image Genèse 1, 20 – 2, 4a

Comme il l'a fait pour les astres dans les cieux, Dieu, dans le premier récit de la Création, délègue à l'humain, créé à son image, la gouvernance sur le monde terrestre. L'humain est donc invité à reproduire la puissance pleine de délicatesse de son Créateur, symbolisée par un régime alimentaire végétalien. L'humain est invité à accomplir, par et dans la douceur, le projet de devenir « image ressemblante » de Dieu. ■

***Jean-Marc Liautaud**, Fondacio*

❊ CLÉ DE LECTURE

« La tradition des anciens » Marc 7, 5 *(p. 98)*

Jésus force le trait jusqu'à la caricature, mais il nous conduit à nous interroger sur notre attachement aux traditions et à ce que nous appelons parfois « la tradition ». Il dénonce, dans les courants juifs proches de lui, la multiplication des prescriptions, qui forment une « tradition des anciens » et servent à couvrir une arrogance élitiste, voire des intérêts douteux. La question demeure. Déjà, Isaïe dénonçait la profession de foi et le culte devenus vains s'ils voilent des penchants et des actes intéressés. Toutes les traditions et tous les commandements sont alors passés au crible d'un seul critère, celui de la parole de Dieu, le Décalogue : « Tu aimeras… tu honoreras… » L'amour de Dieu ne va pas sans le souci et le respect du prochain. ■

***Roselyne Dupont-Roc**, bibliste*

Bienheureuse Vierge Marie de Lourdes

Couleur liturgique : blanc

En invoquant l'Immaculée Mère de Dieu, qui se manifesta à Bernadette dans la grotte de Massabielle à Lourdes, le peuple chrétien découvre en Marie l'image de l'Église à venir. C'est aujourd'hui la Journée mondiale des malades, instituée en 1992 par le pape Jean-Paul II.

Antienne d'ouverture

La Ville sainte, la Jérusalem nouvelle,
je l'ai vue qui descendait du ciel,
d'auprès de Dieu, prête
pour les noces, comme une épouse
parée pour son mari. (Ap 21, 2)

Prière

Dieu de miséricorde, viens au secours de notre faiblesse : puisque nous faisons mémoire de l'Immaculée, la Mère de Dieu, fais que, soutenus par son intercession, nous soyons relevés de nos péchés. Par Jésus… — ***Amen.***

Prière sur les offrandes

En célébrant la mémoire de la Vierge Immaculée, nous t'offrons, Seigneur, le sacrifice de louange ; qu'il monte vers toi en offrande agréable et nous procure la santé de l'âme et du corps. Par le Christ, notre Seigneur. — ***Amen.***

Préface de la Vierge Marie, p. 218

Antienne de la communion

Tu visites la terre, Seigneur, et tu l'abreuves, tu la combles de richesses. (cf. Ps 64, 10)

Prière après la communion

Tu nous as rassasiés, Seigneur notre Dieu, en nous donnant le pain du ciel ; fais que cette eucharistie célébrée dans la joie soit pour nous le signe de l'unité et le lien de la charité. Par le Christ, notre Seigneur. — ***Amen.***

MERCREDI 12 FÉVRIER 2025

5e SEMAINE DU TEMPS ORDINAIRE COULEUR LITURGIQUE : VERT

Temps ordinaire, *suggestion d'oraisons et d'antiennes nº 18*

Antienne d'ouverture

Dieu, viens à mon aide, Seigneur, viens vite à mon secours.
Tu es mon secours, mon libérateur, Seigneur, ne tarde pas !
(cf. Ps 69, 2.6)

Prière

Sois proche, Seigneur, de ceux qui te servent et montre à ceux qui t'implorent ton éternelle bonté ; c'est leur fierté d'avoir en toi leur Créateur et leur Guide : restaure pour eux ta création, et l'ayant renouvelée, protège-la. Par Jésus…
— Amen.

Lecture

du livre de la Genèse (2, 4b-9.15-17)

« Le Seigneur Dieu prit l'homme et le conduisit dans le jardin d'Éden »

Lorsque le Seigneur Dieu fit la terre et le ciel, aucun buisson n'était encore sur la terre, aucune herbe n'avait poussé, parce que le Seigneur Dieu n'avait pas encore fait pleuvoir sur la terre, et il n'y avait pas d'homme pour travailler le sol. Mais une source montait de la terre et irriguait toute la surface du sol. Alors le Seigneur Dieu modela l'homme avec la poussière tirée du sol ; il insuffla dans ses narines le souffle de vie, et l'homme

devint un être vivant. Le Seigneur Dieu planta un jardin en Éden, à l'orient, et y plaça l'homme qu'il avait modelé. Le Seigneur Dieu fit pousser du sol toutes sortes d'arbres à l'aspect désirable et aux fruits savoureux ; il y avait aussi l'arbre de vie au milieu du jardin, et l'arbre de la connaissance du bien et du mal. Le Seigneur Dieu prit l'homme et le conduisit dans le jardin d'Éden pour qu'il le travaille et le garde. Le Seigneur Dieu donna à l'homme cet ordre : « Tu peux manger les fruits de tous les arbres du jardin ; mais l'arbre de la connaissance du bien et du mal, tu n'en mangeras pas ; car, le jour où tu en mangeras, tu mourras. » – Parole du Seigneur.

Psaume 103 (104)

℟ ***Bénis le Seigneur, ô mon âme !***

Bénis le Seigneur, ô mon âme ;
Seigneur mon Dieu, tu es si grand !
Revêtu de magnificence,
tu as pour manteau la lumière ! ℟

Tous, ils comptent sur toi
pour recevoir leur nourriture au temps voulu.
Tu donnes : eux, ils ramassent ;
tu ouvres la main : ils sont comblés. ℟

Tu reprends leur souffle, ils expirent
et retournent à leur poussière.
Tu envoies ton souffle : ils sont créés ;
tu renouvelles la face de la terre. ℟

Acclamation de l'Évangile

Alléluia. Alléluia. Ta parole, Seigneur, est vérité ; dans cette vérité, sanctifie-nous. ***Alléluia.***

Évangile de Jésus Christ
selon saint Marc (7, 14-23)

« Ce qui sort de l'homme, voilà ce qui rend l'homme impur »

En ce temps-là, appelant de nouveau la foule, Jésus lui disait : « Écoutez-moi tous, et comprenez bien. Rien de ce qui est extérieur à l'homme et qui entre en lui ne peut le rendre impur. Mais ce qui sort de l'homme, voilà ce qui rend l'homme impur. »
Quand il eut quitté la foule pour rentrer à la maison, ses disciples l'interrogeaient sur cette parabole. Alors il leur dit : « Êtes-vous donc sans intelligence, vous aussi ? Ne comprenez-vous pas que tout ce qui entre dans l'homme, en venant du dehors, ne peut pas le rendre impur, parce que cela n'entre pas dans son cœur, mais dans son ventre, pour être éliminé ? » C'est ainsi que Jésus déclarait purs tous les aliments.
Il leur dit encore : « Ce qui sort de l'homme, c'est cela qui le rend impur. Car c'est du dedans, du cœur de l'homme, que sortent les pensées perverses : inconduites, vols, meurtres, adultères, cupidités, méchancetés, fraude, débauche, envie, diffamation, orgueil et démesure. Tout ce mal vient du dedans, et rend l'homme impur. »

Prière sur les offrandes
Dans ta bonté, sanctifie ces dons, nous t'en prions, Seigneur ; accepte le sacrifice spirituel que nous t'offrons, et fais de nous-mêmes une éternelle offrande pour toi. Par le Christ, notre Seigneur. **— *Amen.***

Antienne de la communion
Tu nous as donné, Seigneur, le pain venu du ciel, pain aux multiples saveurs qui comble tous les goûts. (Sg 16, 20)

OU

Je suis le pain de la vie, dit le Seigneur, celui qui vient à moi n'aura jamais faim, celui qui croit en moi n'aura jamais soif. (Jn 6, 35)

Prière après la communion
Seigneur, entoure d'une constante protection ceux que tu as renouvelés par le don du ciel ; puisque tu ne cesses de les réconforter, rends-les dignes de la rédemption éternelle. Par le Christ, notre Seigneur. – ***Amen.***

INVITATION

Aujourd'hui, je m'efforce d'être vigilant aux paroles que je vais exprimer et aux actes que je vais poser.

COMMENTAIRE

Le potier Genèse 2, 4b-9.15-17

Dans le second récit de Création, Dieu n'est pas évoqué comme un prêtre à la parole puissante mais comme un potier modelant avec amour une figurine qu'il dote de vie puis entoure de soins. L'arbre de vie, placé au centre du jardin, indique bien l'unique projet du Créateur : que l'humain vive ! Il doit, pour cela, accepter une limite : tout lui est donné, mais il ne pourra jamais « avoir » ou « être » tout. ■

Jean-Marc Liautaud*, Fondacio*

JEUDI 13 FÉVRIER 2025

5E SEMAINE DU TEMPS ORDINAIRE COULEUR LITURGIQUE : VERT

Temps ordinaire, *suggestion d'oraisons et d'antiennes nº 19*

Antienne d'ouverture

Regarde vers ton Alliance, Seigneur, ne délaisse pas sans fin l'âme de tes pauvres. Lève-toi, Seigneur, défends ta cause, n'oublie pas le cri de ceux qui te cherchent. (cf. Ps 73, 20.19.22.23)

Prière

Dieu éternel et tout-puissant, comme l'enseigne l'Esprit Saint, nous pouvons déjà t'appeler du nom de Père ; fais grandir en nos cœurs l'esprit d'adoption filiale, afin que nous soyons capables d'entrer un jour dans l'héritage qui nous est promis. Par Jésus… ***— Amen.***

Lecture

du livre de la Genèse (2, 18-25)

« Dieu amena la femme vers l'homme. Et tous deux ne feront plus qu'un »

Le Seigneur Dieu dit : « Il n'est pas bon que l'homme soit seul. Je vais lui faire une aide qui lui correspondra. » Avec de la terre, le Seigneur Dieu modela toutes les bêtes des champs et tous les oiseaux du ciel, et il les amena vers l'homme pour voir quels noms il leur donnerait. C'étaient des êtres vivants, et l'homme donna un nom à chacun. L'homme donna donc leurs noms à tous les animaux, aux oiseaux du ciel et à toutes les bêtes

des champs. Mais il ne trouva aucune aide qui lui corresponde. Alors le Seigneur Dieu fit tomber sur lui un sommeil mystérieux, et l'homme s'endormit. Le Seigneur Dieu prit une de ses côtes, puis il referma la chair à sa place. Avec la côte qu'il avait prise à l'homme, il façonna une femme et il l'amena vers l'homme. L'homme dit alors : « Cette fois-ci, voilà l'os de mes os et la chair de ma chair ! On l'appellera femme – Ishsha –, elle qui fut tirée de l'homme – Ish. » À cause de cela, l'homme quittera son père et sa mère, il s'attachera à sa femme, et tous deux ne feront plus qu'un. Tous les deux, l'homme et sa femme, étaient nus, et ils n'en éprouvaient aucune honte l'un devant l'autre.

– Parole du Seigneur

Psaume 127 (128)

℟ ***Heureux qui craint le Seigneur !***

Heureux qui craint le Seigneur
et marche selon ses voies !
Tu te nourriras du travail de tes mains :
Heureux es-tu ! À toi, le bonheur ! ℟

Ta femme sera dans ta maison
comme une vigne généreuse,
et tes fils, autour de la table,
comme des plants d'olivier. ℟

Voilà comment sera béni
l'homme qui craint le Seigneur.
De Sion, que le Seigneur te bénisse !
Tu verras le bonheur de Jérusalem
tous les jours de ta vie. ℟

Acclamation de l'Évangile

Alléluia. Alléluia. Accueillez dans la douceur la Parole semée en nous : c'est elle qui peut vous sauver. ***Alléluia.***

Évangile de Jésus Christ

selon saint Marc (7, 24-30)

« Les petits chiens, sous la table, mangent bien les miettes des petits enfants ! »

En ce temps-là, Jésus partit et se rendit dans le territoire de Tyr. Il était entré dans une maison, et il ne voulait pas qu'on le sache, mais il ne put rester inaperçu : une femme entendit aussitôt parler de lui ; elle avait une petite fille possédée par un esprit impur ; elle vint se jeter à ses pieds. Cette femme était païenne, syro-phénicienne de naissance, et elle lui demandait d'expulser le démon hors de sa fille. Il lui disait : « Laisse d'abord les enfants se rassasier, car il n'est pas bien de prendre le pain des enfants et de le jeter aux petits chiens. »
Mais elle lui répliqua : « Seigneur, les petits chiens, sous la table, mangent bien les miettes des petits enfants ! »
Alors il lui dit : « À cause de cette parole, va : le démon est sorti de ta fille. » Elle rentra à la maison, et elle trouva l'enfant étendue sur le lit : le démon était sorti d'elle.

Prière sur les offrandes

Accueille favorablement, Seigneur, ces présents que, dans ta miséricorde, tu as donnés à ton Église pour qu'elle puisse te les offrir ; fais qu'ils deviennent, par ta puissance, le sacrement de notre salut. Par le Christ, notre Seigneur. ***— Amen.***

Antienne de la communion

Glorifie le Seigneur, Jérusalem :
de la fleur du froment, il te rassasie.
(cf. Ps 147, 12.14)

OU

Le pain que je donnerai,
c'est ma chair, donnée pour la vie
du monde, dit le Seigneur. (Jn 6, 51)

Prière après la communion

Que cette communion à ton sacrement, Seigneur, nous procure le salut et qu'elle nous affermisse dans la lumière de ta vérité. Par le Christ, notre Seigneur. — ***Amen.***

INVITATION

C'est la parole d'une femme païenne qui touche Jésus.
Je me mets vraiment à l'écoute de toutes les personnes que je vais croiser.

COMMENTAIRE

Femmes et hommes Genèse 2, 18-25 ; Marc 7, 24-30

Dans la première lecture, le mot hébreu qui signifie « aide » est suivi de l'expression traduite par « qui lui correspondra », qui peut signifier à la fois « proximité », « similitude » voire « opposition ». L'humanité ne progresse que si femme et homme, à hauteur égale, confrontent leurs désirs de vie. Dans l'évangile de ce jour, c'est une femme païenne qui, en lui tenant tête, aide Jésus à comprendre que sa mission ne concerne pas que les enfants (les Juifs) mais aussi les païens (les petits chiens). ■

Jean-Marc Liautaud, *Fondacio*

VENDREDI 14 FÉVRIER 2025

COULEUR LITURGIQUE : BLANC

Saint Cyrille et saint Méthode

IXe siècle. Ces deux frères, originaires de l'Empire byzantin, évangélisèrent les Slaves et inventèrent l'alphabet cyrillique. Copatrons de l'Europe, avec saint Benoît.

Antienne d'ouverture

Fêtons les amis de Dieu, saint Cyrille et saint Méthode :
la gloire des deux frères fut de proclamer la vérité reçue du Seigneur.

Gloire à Dieu *(p. 212)*

Prière

Seigneur Dieu, tu as conduit les peuples slaves à la lumière, grâce aux frères saints Cyrille et Méthode ; ouvre nos cœurs à l'intelligence de ta Parole : fais de nous un peuple uni dans la vraie foi et dans un témoignage authentique. Par Jésus… ***— Amen.***

Lectures propres à la fête de saint Cyrille et saint Méthode.

Lecture

des Actes des Apôtres (13, 46-49)

« Nous nous tournons vers les nations païennes »

En ces jours-là, à Antioche de Pisidie, Paul et Barnabé déclarèrent aux Juifs avec assurance : « C'est à vous d'abord qu'il était nécessaire d'adresser la parole de Dieu. Puisque vous la rejetez et que vous-mêmes ne vous jugez pas dignes de la vie éternelle, eh bien ! nous nous

tournons vers les nations païennes. C'est le commandement que le Seigneur nous a donné : *J'ai fait de toi la lumière des nations pour que, grâce à toi, le salut parvienne jusqu'aux extrémités de la terre.* » En entendant cela, les païens étaient dans la joie et rendaient gloire à la parole du Seigneur ; tous ceux qui étaient destinés à la vie éternelle devinrent croyants. Ainsi la parole du Seigneur se répandait dans toute la région. – Parole du Seigneur.

Psaume 116 (117)

℟ ***Allez dans le monde entier. Proclamez l'Évangile.***
OU ***Alléluia !***

Louez le Seigneur, tous les peuples ;
fêtez-le tous les pays ! ℟

Son amour envers nous s'est montré le plus fort ;
éternelle est la fidélité du Seigneur ! ℟

Acclamation de l'Évangile

Alléluia. Alléluia. Le Seigneur m'a envoyé porter la Bonne Nouvelle aux pauvres, annoncer aux captifs leur libération. ***Alléluia.***

Évangile de Jésus Christ

selon saint Luc (10, 1-9)

« La moisson est abondante, mais les ouvriers sont peu nombreux »

En ce temps-là, parmi les disciples, le Seigneur en désigna encore 72, et il les envoya deux par deux, en avant de lui, en toute ville et localité où lui-même allait se rendre. Il leur dit : « La moisson est abondante, mais les ouvriers sont peu nombreux. Priez donc le maître de la moisson d'envoyer des ouvriers pour sa moisson. Allez ! Voici que je vous envoie comme des agneaux au milieu des loups. Ne portez ni bourse, ni sac, ni sandales, et ne saluez personne en chemin. Mais dans toute maison où vous entrerez, dites d'abord : "Paix à cette maison." S'il y a là un ami de la paix, votre paix ira reposer sur lui ; sinon, elle reviendra sur vous. Restez dans cette maison, mangeant et buvant ce que l'on vous sert ; car l'ouvrier mérite son salaire. Ne passez pas de maison en maison. Dans toute ville où vous entrerez et où vous serez accueillis, mangez ce qui vous est présenté. Guérissez les malades qui s'y trouvent et dites-leur : "Le règne de Dieu s'est approché de vous." »

Prière sur les offrandes

Regarde les offrandes que nous te présentons, Seigneur, Dieu de majesté, en mémoire des saints Cyrille et Méthode : fais qu'elles deviennent le signe de l'humanité nouvelle réconciliée avec toi dans la perfection de l'amour. Par le Christ, notre Seigneur. ***— Amen.***

Antienne de la communion

Les disciples s'en allèrent proclamer partout l'Évangile. Le Seigneur travaillait avec eux et confirmait leur parole par les signes qui l'accompagnaient.
(cf. Mt 16, 20)

Prière après la communion

Dieu, Père de toutes les nations, tu nous donnes d'avoir part à un seul Pain et à un seul Esprit, et tu fais de nous les héritiers du banquet éternel ; en cette fête des saints Cyrille et Méthode, accorde en ta bonté à la multitude de tes enfants de persévérer dans la même foi, et de construire ensemble un règne de justice et de paix. Par le Christ, notre Seigneur. — ***Amen.***

INVITATION

Suis-je un véritable ouvrier du maître de la moisson ?
Comment puis-je être encore plus fidèle ?

COMMENTAIRE

Toujours plus loin

Actes 13, 46-49 ; Luc 10, 1-9

Nous fêtons aujourd'hui Cyrille et Méthode, les copatrons de l'Europe évangélisateurs des Slaves. Les textes nous communiquent l'immense élan qui porte notre foi depuis le projet du « mouvement de Jésus », tentative de renouvellement messianique du peuple d'Israël. Cet élan se prolonge après la Pentecôte grâce aux Apôtres qui portent l'expérience de la foi toujours plus loin, aux dimensions du monde. ■

Jean-Marc Liautaud, *Fondacio*

SAMEDI 15 FÉVRIER 2025

5E SEMAINE DU TEMPS ORDINAIRE COULEUR LITURGIQUE : VERT

Temps ordinaire, *suggestion d'oraisons et d'antiennes n° 20*
ou **bienheureuse Vierge Marie,** *voir p. 18*

Antienne d'ouverture

Dieu, notre protecteur, regarde :
vois le visage de ton Christ ;
un jour dans tes parvis en vaut plus que mille.
(cf. Ps 83, 10-11)

Prière

Pour ceux qui t'aiment, Seigneur Dieu, tu as préparé des biens que l'œil ne peut voir : répands en nos cœurs la ferveur de ta charité, afin que t'aimant en toute chose et par-dessus tout, nous obtenions de toi l'héritage promis qui surpasse tout désir. Par Jésus… ***— Amen.***

Lecture

du livre de la Genèse (3, 9-24)

« Le Seigneur Dieu le renvoya du jardin d'Éden, pour qu'il travaille la terre »

Quand l'homme eut désobéi à Dieu, le Seigneur Dieu l'appela et lui dit : « Où es-tu donc ? » Il répondit : « J'ai entendu ta voix dans le jardin, j'ai pris peur parce que je suis nu, et je me suis caché. » Le Seigneur reprit : « Qui donc t'a dit que tu étais nu ? Aurais-tu mangé de l'arbre dont je t'avais interdit de manger ? » L'homme répondit : « La

femme que tu m'as donnée, c'est elle qui m'a donné du fruit de l'arbre, et j'en ai mangé. » Le Seigneur Dieu dit à la femme : « Qu'as-tu fait là ? » La femme répondit : « Le serpent m'a trompée, et j'ai mangé. »
Alors le Seigneur Dieu dit au serpent : « Parce que tu as fait cela, tu seras maudit parmi tous les animaux et toutes les bêtes des champs. Tu ramperas sur le ventre et tu mangeras de la poussière tous les jours de ta vie. Je mettrai une hostilité entre toi et la femme, entre ta descendance et sa descendance : celle-ci te meurtrira la tête, et toi, tu lui meurtriras le talon. » Le Seigneur Dieu dit ensuite à la femme : « Je multiplierai la peine de tes grossesses ; c'est dans la peine que tu enfanteras des fils. Ton désir te portera vers ton mari, et celui-ci dominera sur toi. »
Il dit enfin à l'homme : « Parce que tu as écouté la voix de ta femme, et que tu as mangé le fruit de l'arbre que je t'avais interdit de manger : maudit soit le sol à cause de toi ! C'est dans la peine que tu en tireras ta nourriture, tous les jours de ta vie. De lui-même, il te donnera épines et chardons, mais tu auras ta nourriture en cultivant les champs. C'est à la sueur de ton visage que tu gagneras ton pain, jusqu'à ce que tu retournes à la terre dont tu proviens ; car tu es poussière, et à la poussière tu retourneras. »
L'homme appela sa femme Ève (c'est-à-dire : la vivante), parce qu'elle fut la mère de tous les vivants. Le Seigneur Dieu fit à l'homme et à sa femme des tuniques de peau et les en revêtit. Puis le Seigneur Dieu déclara : « Voilà que l'homme est devenu comme l'un de nous par la connaissance du bien et du mal ! Maintenant, ne permettons pas qu'il avance la main, qu'il cueille aussi le fruit de l'arbre de vie, qu'il en mange et vive éternellement ! »

Alors le Seigneur Dieu le renvoya du jardin d'Éden, pour qu'il travaille la terre d'où il avait été tiré. Il expulsa l'homme, et il posta, à l'orient du jardin d'Éden, les Kéroubim, armés d'un glaive fulgurant, pour garder l'accès de l'arbre de vie.
– Parole du Seigneur.

Psaume 89 (90)

℟ D'âge en âge, Seigneur, tu as été notre refuge.

Avant que n<u>a</u>issent les montagnes,
que tu enfantes la t<u>e</u>rre et le monde,
de toujo<u>u</u>rs à toujours,
t<u>o</u>i, tu es Dieu. ℟

Tu fais retourner l'h<u>o</u>mme à la poussière ;
tu as dit : « Retourn<u>e</u>z, fils d'Adam ! »
À tes yeux, mille <u>a</u>ns sont comme hier,
c'est un jour qui s'en va,
une he<u>u</u>re dans la nuit. ℟

Tu les as balay<u>é</u>s : ce n'est qu'un songe ;
dès le matin, c'est une h<u>e</u>rbe changeante :
elle fleurit le mat<u>i</u>n, elle change ;
le soir, elle est fan<u>é</u>e, desséchée. ℟

Apprends-nous la vraie mes<u>u</u>re de nos jours :
que nos cœurs pén<u>è</u>trent la sagesse.
Reviens, Seigne<u>u</u>r, pourquoi tarder ?
Ravise-toi par ég<u>a</u>rd pour tes serviteurs. ℟

Acclamation de l'Évangile

Alléluia. Alléluia. L'homme ne vit pas seulement de pain, mais de toute parole qui sort de la bouche de Dieu. ***Alléluia.***

Évangile de Jésus Christ

selon saint Marc (8, 1-10)

« Les gens mangèrent et furent rassasiés »

En ces jours-là, comme il y avait de nouveau une grande foule, et que les gens n'avaient rien à manger, Jésus appelle à lui ses disciples et leur dit : « J'ai de la compassion pour cette foule, car depuis trois jours déjà ils restent auprès de moi, et n'ont rien à manger. Si je les renvoie chez eux à jeun, ils vont défaillir en chemin, et certains d'entre eux sont venus de loin. » Ses disciples lui répondirent : « Où donc pourra-t-on trouver du pain pour les rassasier ici, dans le désert ? » Il leur demanda : « Combien de pains avez-vous ? » Ils lui dirent : « Sept. » Alors il ordonna à la foule de s'asseoir par terre. Puis, prenant les sept pains et rendant grâce, il les rompit, et il les donnait à ses disciples pour que ceux-ci les distribuent ; et ils les distribuèrent à la foule. Ils avaient aussi quelques petits poissons, que Jésus bénit et fit aussi distribuer. Les gens mangèrent et furent rassasiés. On ramassa les morceaux qui restaient : cela faisait sept corbeilles. Or, ils étaient environ quatre mille. Puis Jésus les renvoya. Aussitôt, montant dans la barque avec ses disciples, il alla dans la région de Dalmanoutha.

Prière sur les offrandes

Accueille, Seigneur, ce que nous présentons pour cette eucharistie où s'accomplit un admirable échange : en offrant ce que tu nous as donné, puissions-nous te recevoir toi-même. Par le Christ, notre Seigneur. — ***Amen.***

Antienne de la communion
Oui, près du Seigneur est la miséricorde ; près de lui abonde le rachat. (cf. Ps 129, 7)
OU
Je suis le pain vivant, qui est descendu du ciel, dit le Seigneur ; si quelqu'un mange de ce pain, il vivra éternellement. (Jn 6, 51)

Prière après la communion
Par ces sacrements, Seigneur, tu nous as unis au Christ, et nous implorons humblement ta bonté : sur la terre, transforme-nous à son image, pour que nous puissions partager sa vie dans le ciel. Lui qui… — ***Amen.***

INVITATION

Dieu donne en abondance ! Que puis-je partager ou donner aujourd'hui à quelqu'un de mon entourage ?

COMMENTAIRE

Jalousie ou bonté ?

Genèse 3, 9-24 ; Marc 8, 1-10

Le Dieu qui a interdit à l'humain le fruit de l'arbre est-il jaloux (comme l'a suggéré le serpent) ou au contraire plein de bonté envers une créature dont il veut prendre soin dans ses limites ? Cette question n'est pas résolue par le texte qui nous raconte sa réaction. Ce sont la compassion et la sollicitude inébranlables de Jésus, prenant sur lui notre condition limitée jusqu'à la mort, qui tranchent le dilemme. ■

***Jean-Marc Liautaud**, Fondacio*

DIMANCHE 16 FÉVRIER 2025

6E DIMANCHE DU TEMPS ORDINAIRE

ANNÉE C – COULEUR LITURGIQUE : VERT

« Heureux, vous les pauvres, car le royaume de Dieu est à vous. » Luc 6, 20

© Gaëtan Évrard

16 - 22

Les lectures de ce dimanche nous parlent de bonheur. Béni est l'homme qui met sa foi dans le Seigneur, assure Jérémie. Heureux est l'homme qui se plaît dans la loi du Seigneur, proclame le psalmiste. Et le Christ annonce heureux les pauvres, ceux qui pleurent, ceux qui sont rejetés en raison de leur foi. Nous attacher au Seigneur contre vents et marées, vivre de sa parole, voilà le chemin du bonheur.

RITES INITIAUX

Chant d'entrée (Suggestions p. 239)

OU

Antienne d'ouverture

Sois pour moi le Dieu qui protège, un lieu de refuge
pour me sauver. Car tu es mon appui et mon refuge :
à cause de ton nom, tu seras mon guide et tu me nourriras.
(cf. Ps 30, 3-4)

Suggestion de préparation pénitentielle (ou p. 210)

« Heureux est l'homme qui se plaît dans la loi du Seigneur ! » Avec confiance, tournons-nous vers le Seigneur. Demandons la persévérance dans la foi et reconnaissons notre péché.

Seigneur Jésus, tu nous apprends à mettre notre confiance en toi, béni sois-tu et prends pitié de nous.
— Béni sois-tu et prends pitié de nous.

Ô Christ, tu nous promets la vie éternelle, béni sois-tu et prends pitié de nous. ***— Béni sois-tu et prends pitié de nous.***

Seigneur, tu nous appelles à tourner notre regard vers les réalités d'en haut, béni sois-tu et prends pitié de nous.
— Béni sois-tu et prends pitié de nous.

Que Dieu tout-puissant nous fasse miséricorde ; qu'il nous pardonne nos péchés et nous conduise à la vie éternelle. ***— Amen.***

Gloire à Dieu (p. 212)

Prière
Seigneur Dieu, tu as promis d'habiter les cœurs droits et sincères; donne-nous, par ta grâce, de vivre de telle manière que tu puisses faire en nous ta demeure. Par Jésus…
— *Amen.*

LITURGIE DE LA PAROLE

Lecture du livre du prophète Jérémie (17, 5-8)

« Maudit soit l'homme qui met sa foi dans un mortel.
Béni soit l'homme qui met sa foi dans le Seigneur »

Ainsi parle le Seigneur : Maudit soit l'homme qui met sa foi dans un mortel, qui s'appuie sur un être de chair, tandis que son cœur se détourne du Seigneur. Il sera comme un buisson sur une terre désolée, il ne verra pas venir le bonheur. Il aura pour demeure les lieux arides du désert, une terre salée, inhabitable.
Béni soit l'homme qui met sa foi dans le Seigneur, dont le Seigneur est la confiance. Il sera comme un arbre, planté près des eaux, qui pousse, vers le courant, ses racines. Il ne craint pas quand vient la chaleur : son feuillage reste vert. L'année de la sécheresse, il est sans inquiétude : il ne manque pas de porter du fruit.
– Parole du Seigneur.

Psaume 1

℟ ***Heureux est l'homme qui met sa foi dans le Seigneur.***

1re et 2e strophe

3e strophe

T. : AELF; M. : L. Groslambert; Éd. : ADF.

Heureux est l'homme qui n'entre pas au conseil des méchants,
qui ne suit pas le chemin des pécheurs,
ne siège pas avec ceux qui ricanent,
mais se plaît dans la loi du Seigneur
et murmure sa loi jour et nuit ! ℟

Il est comme un arbre planté près d'un ruisseau,
qui donne du fruit en son temps,
et jamais son feuillage ne meurt ;
tout ce qu'il entreprend réussira.
Tel n'est pas le sort des méchants. ℟

Écoutez ce psaume sur
**www.prionseneglise.fr/
messe-du-dimanche**

Mais ils sont comme la paille balayée par le vent.
Le Seigneur connaît le chemin des justes,
mais le chemin des méchants se perdra. ℟

Lecture de la première lettre de saint Paul apôtre aux Corinthiens (15, 12.16-20)

« Si le Christ n'est pas ressuscité, votre foi est sans valeur »

Frères, nous proclamons que le Christ est ressuscité d'entre les morts ; alors, comment certains d'entre vous peuvent-ils affirmer qu'il n'y a pas de résurrection des morts ? Car si les morts ne ressuscitent pas, le Christ non plus n'est pas ressuscité. Et si le Christ n'est pas ressuscité, votre foi est sans valeur, vous êtes encore sous l'emprise de vos péchés ; et donc, ceux qui se sont endormis dans le Christ sont perdus. Si nous avons mis notre espoir dans le Christ pour cette vie seulement, nous sommes les plus à plaindre de tous les hommes. Mais non ! le Christ est ressuscité d'entre les morts, lui, premier ressuscité parmi ceux qui se sont endormis.

– Parole du Seigneur.

Acclamation de l'Évangile

Alléluia. Alléluia. Réjouissez-vous, tressaillez de joie, dit le Seigneur, car votre récompense est grande dans le ciel. ***Alléluia.***

Alléluia 268; M. : O. Vercruyse; Audivis. Psalmodie : M. : M. Wackenheim; Bayard Liturgie.

Évangile de Jésus Christ selon saint Luc (6, 17.20-26)

« Heureux, les pauvres ! Quel malheur pour vous, les riches ! »

En ce temps-là, Jésus descendit de la montagne avec les Douze et s'arrêta sur un terrain plat. Il y avait là un grand nombre de ses disciples, et une grande multitude de gens venus de toute la Judée, de Jérusalem, et du littoral de Tyr et de Sidon.

Et Jésus, levant les yeux sur ses disciples, déclara : « Heureux, vous les pauvres, car le royaume de Dieu est à vous. Heureux, vous qui

avez faim maintenant, car vous serez rassasiés. Heureux, vous qui pleurez maintenant, car vous rirez. Heureux êtes-vous quand les hommes vous haïssent et vous excluent, quand ils insultent et rejettent votre nom comme méprisable, à cause du Fils de l'homme. Ce jour-là, réjouissez-vous, tressaillez de joie, car alors votre récompense est grande dans le ciel ; c'est ainsi, en effet, que leurs pères traitaient les prophètes.
« Mais quel malheur pour vous, les riches, car vous avez votre consolation ! Quel malheur pour vous qui êtes repus maintenant, car vous aurez faim ! Quel malheur pour vous qui riez maintenant, car vous serez dans le deuil et vous pleurerez !
« Quel malheur pour vous lorsque tous les hommes disent du bien de vous ! C'est ainsi, en effet, que leurs pères traitaient les faux prophètes. »

Homélie

Profession de foi (p. 213)

Suggestion de prière universelle

Le prêtre :

« Heureux, vous qui pleurez maintenant. » Confiants dans le Christ qui vient consoler tous les hommes, tournons-nous vers lui et prions-le pour notre monde.

℟ ***Fils du Dieu vivant, exauce-nous !***

D. R. ; T. et M. : J. Gelineau.

Le diacre ou un lecteur :

Béni sois-tu, Seigneur Jésus, pour les témoins des Béatitudes aux quatre coins de la terre. Prends pitié des chrétiens méprisés et rejetés à cause de ton nom. Dans la confiance, prions. ℟

Béni sois-tu, Seigneur Jésus, pour nos élus œuvrant à un meilleur partage des richesses. Prends pitié de ceux qui défendent ceux qui sont exclus. Dans la confiance, prions. ℟

Béni sois-tu, Seigneur Jésus, pour les associations qui prennent soin des pauvres et des victimes d'abus. Prends pitié des personnes écrasées par le malheur et l'injustice. Dans la confiance, prions. ℟

Béni sois-tu, Seigneur Jésus, pour les membres de notre assemblée qui accompagnent les familles en deuil. Viens réconforter les familles qui viennent de perdre un être cher. Dans la confiance, prions. ℟

(Ces intentions seront adaptées ou modifiées selon les circonstances. On peut aussi s'inspirer de l'intention universelle du Saint-Père, p. 6.)

Le prêtre :

Seigneur Jésus, toi qui nous promets un bonheur inaltérable, accueille nos prières et daigne les exaucer, toi qui vis et règnes pour les siècles des siècles.

— Amen.

LITURGIE EUCHARISTIQUE

Prière sur les offrandes

Que cette offrande, nous t'en prions, Seigneur, nous purifie et nous renouvelle ; qu'elle devienne pour ceux qui accomplissent ta volonté la cause de la récompense éternelle. Par le Christ, notre Seigneur.

— Amen.

Prière eucharistique *(Préface des dimanches, p. 216)*

Chant de communion *(Suggestions p. 239)*

OU

Antienne de la communion
Ils mangèrent, ils furent rassasiés,
Dieu comblait leur désir, leur attente ne fut pas trompée.
(Ps 77, 29-30)
OU
Dieu a tant aimé le monde qu'il a donné son Fils unique :
ainsi, celui qui croit en lui ne périra pas,
mais il obtiendra la vie éternelle.
(Jn 3, 16)

Prière après la communion
Tu nous as fait goûter, Seigneur, aux joies du ciel, et nous te prions : donne-nous de toujours désirer ce qui nous fait vivre en vérité. Par le Christ, notre Seigneur. – ***Amen.***

RITE DE CONCLUSION

Bénédiction

Envoi

COMMENTAIRE DU DIMANCHE

Jean-Paul Sagadou, prêtre assomptionniste,
rédacteur en chef de *Prions en Église* Afrique

Le clos et l'ouvert de l'Évangile

Les notions de « clos » et d'« ouvert » chez Henri Bergson peuvent aider à comprendre ce qui se passe dans l'évangile des Béatitudes. Le clos, c'est la force des habitudes qui nous enferment, nous sclérosent en nous refermant sur notre passé. L'ouvert, au contraire, c'est l'avenir qui s'ouvre à nous, même quand tout va mal. L'univers du clos, symbolisé par « Quel malheur », est celui des repus, des satisfaits et des contents d'eux-mêmes. En ce moment alors, tout est déjà acquis, fermé. Il n'y a plus d'avenir, plus rien qui puisse venir, advenir. L'ouvert correspondrait aux quatre béatitudes déclinées en « Heureux ». Ici, on discerne un avenir pour les pauvres, les affamés, les « dos courbés », les petits et les humbles. La faim devient un lieu d'ouverture, d'attente, d'espérance. Les moments où les pleurs •••

••• envahissent la vie, où on se sent haï, exclu, insulté, méprisé et bafoué, s'ouvrent sur la joie. La différence entre le clos et l'ouvert, entre le « Heureux » et le « Quel malheur », donne à réfléchir. Finalement, bonheur et malheur, ouverture et clôture sont des temps et des passages à traverser, en disciples, pour devenir des héritiers du royaume de Dieu. En désignant le faible, le pauvre et l'opprimé comme les bénéficiaires du Royaume, les Béatitudes ne justifient pas la souffrance et le malheur. Elles nous sortent de notre trop grand « plein de nous-mêmes » pour nous remplir de ce qui nous manque vraiment : le bonheur du royaume de Dieu.

De quoi devrais-je me dépouiller pour être pauvre selon l'évangile ?
Y a-t-il autour de moi des personnes rejetées, méprisées au nom de leur foi ? Que faire pour les soutenir ? ■

Prions en Église junior

LIRE L'ÉVANGILE AVEC LES ENFANTS

CE QUE JE DÉCOUVRE

Les Béatitudes nous rappellent combien écouter Jésus et vivre ce qu'il annonce conduit l'homme au bonheur et à la vie. **Jésus commence son enseignement par des promesses de bonheur.** Mais, en même temps, il rappelle aussi que ceux qui s'attachent trop à ce qu'ils ont et pas assez à la parole de Dieu s'éloignent du bonheur du Royaume.

CE QUE JE VIS

Es-tu heureux de connaître Jésus et d'écouter sa parole ?
Jésus aime les pauvres. Et toi ?
Es-tu attentif aux plus pauvres ?
Dans ta prière, dis merci à Jésus pour toute la joie et pour tout le bonheur qu'il met chaque jour dans ton cœur.

Texte : Benoît Gschwind. Illustrations : Marcelino Truong

MÉDITATION BIBLIQUE

6ᴱ DIMANCHE DU TEMPS ORDINAIRE

Évangile selon saint Luc 6, 17.20-26

Heureux !

Nous aspirons tous au bonheur. Le programme proposé par l'évangile de ce dimanche a de quoi nous interroger car il est loin de correspondre à notre vision spontanée de la béatitude.

Le temps de la préparation

« Qui donc aime la vie et désire les jours où il verra le bonheur ? » (Ps 33, 13)

Le temps de l'observation

L'évangile de ce jour constitue la première partie d'un discours (Lc 6, 20-49) qui va l'expliciter et en éclairer les enjeux : acquérir une maison intérieure solide qui résiste aux tempêtes de l'existence (Lc 6, 47-48) ; être comparable à un arbre qui produit un bon fruit (Lc 6, 44). Cette finalité est omniprésente dans les versets qui nous occupent. Quant au moyen d'y accéder, il tire sa couleur spécifique du Maître et de la condition de disciple de ceux qui ont choisi de se mettre à sa suite et de partager sa vie. D'où les paradoxes qui peuvent nous dérouter. Ne nous placent-ils pas devant la dimension prophétique du christianisme où il s'agit de « perdre pour gagner » ? Opter pour le Christ et les valeurs qu'il a vécues et qu'il enseigne met inévitablement le disciple en porte-à-faux vis-à-vis des valeurs du monde et l'expose à des conflits intérieurs et extérieurs. Un parcours qui fut celui de Jésus, qui est et sera celui des disciples de tous les temps.

Le temps de la méditation

Le bonheur paradoxal des Béatitudes nous renvoie à notre liberté de choix, à notre expérience également. Lorsque nous nous « perdons » par amour, en faisant la place à autrui dans notre vie, en pardonnant, en compatissant, en partageant notre avoir et notre présence, ne nous arrive-t-il pas de vivre cette « dilatation » du cœur dont parle le psaume 118 (Ps 118 [119], 32), ce tressaillement de joie qui fut celui de Jean Baptiste dans le sein de sa mère quand il perçut la présence de Jésus en Marie lors de la Visitation ? Ce bonheur, à la différence des satisfactions immédiates, n'est pas fermé sur lui-même dans l'aujourd'hui précaire des richesses et des consolations qui passent et sont toujours menacées de disparaître. Le bonheur que propose le Christ est fondé sur ce qui a valeur d'éternité. Et s'il y a là une proposition qui dépasse nos forces, rappelons-nous que le Père ne peut refuser le don de l'Esprit à quiconque le lui demande (Lc 11, 13).

Le temps de la prière

**« Le Seigneur entend
ceux qui l'appellent :
de toutes leurs angoisses,
il les délivre. » (Ps 33, 18)** ■

Emmanuelle Billoteau, ermite

PARTAGE BIBLIQUE

Environ 45 minutes

Une bible ou Prions en Église, *page 121*

« BÉNI SOIT L'HOMME QUI MET SA FOI DANS LE SEIGNEUR » (JR 17, 5-8)

Lire

Prenons le temps d'apprécier ces paroles du prophète Jérémie.

Comprendre le texte

Le prophète Jérémie oppose l'homme qui met sa foi dans un mortel à celui qui met sa foi dans le Seigneur. Le premier peut rappeler l'attitude du peuple et de ses dirigeants qui mettent leur confiance dans leurs places fortes ou dans les paroles des faux prophètes qui assurent que le Temple de Jérusalem est un lieu sûr. Ce faisant, ils se détournent du Seigneur. Cet homme sera comme un buisson qui va s'étioler dans une terre aride et salée ; il ne verra pas venir le bonheur. Le second met sa foi dans le Seigneur. Il sera comme un arbre qui ne manque pas d'eau, même lors d'une année de sécheresse, et qui ne manque pas de porter du fruit. Pourquoi Jérémie écrit-il cela ? Parce qu'il sait que le Seigneur est une source d'eau vive, mais, dans la nuit spirituelle qui se manifeste dans ses confessions, il l'interroge : « Serais-tu pour moi comme un mirage, comme une eau incertaine ? » (Jr 15, 18). Le texte que nous lisons est la réponse du Seigneur à ses doutes. À partir du cas de son peuple, il généralise : le cœur de l'homme est faux, trompeur, incurable ; qui peut le connaître ? Dieu lui répond : « Moi, le Seigneur, qui pénètre les cœurs et qui scrute les reins » (Jr 17, 10). Jérémie lui-même reconnaît avoir une plaie incurable que le Seigneur seul peut guérir !

Partager

- Comment est-ce que je qualifie ma foi en Dieu ?
- Ma confiance en Dieu est-elle illimitée ?
- En dehors de Dieu, à qui (ou à quoi) j'accorde ma confiance ?
- Qu'est-ce que j'attends de ma foi en Dieu ?

Prier

Nous ponctuons notre prière avec le refrain :
En toi, j'ai mis ma confiance (DEV132). ■

Sylvain Gasser,
prêtre assomptionniste

LUNDI 17 FÉVRIER 2025

6[E] SEMAINE DU TEMPS ORDINAIRE COULEUR LITURGIQUE : VERT

Temps ordinaire, *suggestion d'oraisons et d'antiennes n° 21*
ou **sept saints fondateurs de l'ordre des Servites,** *voir p. 141*

Antienne d'ouverture

Incline vers moi ton oreille, Seigneur, exauce-moi.
Sauve, ô mon Dieu, ton serviteur qui espère en toi.
Prends pitié de moi, Seigneur, toi que j'appelle tout le jour.
(cf. Ps 85, 1-3)

Prière

Seigneur Dieu, toi qui unis les cœurs des fidèles dans une seule volonté : donne à ton peuple d'aimer ce que tu commandes et de désirer ce que tu promets, pour qu'au milieu des changements de ce monde, nos cœurs s'établissent fermement là où se trouvent les vraies joies. Par Jésus… — ***Amen.***

Lecture

du livre de la Genèse (4, 1-15.25)

« Caïn se jeta sur son frère Abel et le tua »

L'homme s'unit à Ève, sa femme : elle devint enceinte, et elle mit au monde Caïn. Elle dit alors : « J'ai acquis un homme avec l'aide du Seigneur ! » Dans la suite, elle mit au monde Abel, frère de Caïn. Abel devint berger, et Caïn cultivait la terre. Au temps fixé, Caïn présenta des produits de la terre en offrande au Seigneur. De son côté, Abel présenta les premiers nés de son troupeau, en offrant les morceaux les meilleurs. Le Seigneur tourna son regard vers Abel et son offrande, mais vers Caïn et son offrande, il ne le tourna pas. Caïn en fut très irrité et montra un visage abattu. Le Seigneur dit à Caïn : « Pourquoi es-tu irrité, pourquoi ce visage abattu ? Si tu agis bien, ne relèveras-tu pas ton visage ? Mais si tu n'agis pas bien…, le péché est accroupi à ta porte. Il est à l'affût, mais tu dois le dominer. »

Caïn dit à son frère Abel : « Sortons dans les champs. » Et, quand ils furent dans la campagne, Caïn se jeta sur son frère Abel et le tua. Le Seigneur dit à Caïn : « Où est ton frère Abel ? » Caïn répondit : « Je ne sais pas. Est-ce que je suis, moi, le gardien de mon frère ? » Le Seigneur reprit : « Qu'as-tu fait ? La voix du sang de ton frère crie de la terre vers moi ! Maintenant donc, sois maudit et chassé loin de cette terre qui a ouvert la bouche pour boire le sang de ton frère, versé par ta main. Tu auras beau cultiver la terre, elle ne produira plus rien pour toi. Tu seras un errant, un vagabond sur la terre. »

Alors Caïn dit au Seigneur : « Mon châtiment est trop lourd à porter ! Voici qu'aujourd'hui tu m'as chassé de cette terre. Je dois me cacher loin de toi, je serai un errant, un vagabond sur la terre, et le premier venu qui me trouvera me tuera. » Le Seigneur lui répondit : « Si quelqu'un tue Caïn, Caïn sera vengé sept fois. » Et le Seigneur mit un signe sur Caïn pour le préserver d'être tué par le premier venu qui le trouverait.

Adam s'unit encore à sa femme, et elle mit au monde un fils. Elle lui donna le nom de Seth (ce qui veut dire : accordé), car elle dit : « Dieu m'a accordé une nouvelle descendance à la place d'Abel, tué par Caïn. »

– Parole du Seigneur.

Psaume 49 (50)

℟ ***Offre à Dieu le sacrifice d'action de grâce.***

Le Dieu des dieux, le Seigneur,
parle et convoque la terre
du soleil levant jusqu'au soleil couchant :
« Assemblez, devant moi, mes fidèles. ℟

Écoute, mon peuple, je parle.
Moi, Dieu, je suis ton Dieu !
Je ne t'accuse pas pour tes sacrifices ;
tes holocaustes sont toujours devant moi. ℟

« Qu'as-tu à réciter mes lois,
à garder mon alliance à la bouche,
toi qui n'aimes pas les reproches
et rejettes loin de toi mes paroles ? ℟

« Tu t'assieds, tu diffames ton frère,
tu flétris le fils de ta mère.
Voilà ce que tu fais ; garderai-je le silence ?
Penses-tu que je suis comme toi ? » ℟

Acclamation de l'Évangile

Alléluia. Alléluia. Moi, je suis le Chemin, la Vérité et la Vie, dit le Seigneur. Personne ne va vers le Père sans passer par moi. ***Alléluia.***

Évangile de Jésus Christ

selon saint Marc (8, 11-13)

« Pourquoi cette génération cherche-t-elle un signe ? »

En ce temps-là, les pharisiens survinrent et se mirent à discuter avec Jésus ; pour le mettre à l'épreuve, ils cherchaient à obtenir de lui un signe venant du ciel. Jésus soupira au plus profond de lui-même et dit : « Pourquoi cette génération cherche-t-elle un signe ? Amen, je vous le

déclare : aucun signe* ne sera donné à cette génération. » Puis il les quitta, remonta en barque, et il partit vers l'autre rive.

Prière sur les offrandes

Par l'unique sacrifice, offert une fois pour toutes, tu t'es donné, Seigneur, le peuple que tu as adopté ; en ta bienveillance, accorde-nous la grâce de l'unité et de la paix dans ton Église. Par le Christ, notre Seigneur. **— *Amen.***

Antienne de la communion

La terre se rassasie du fruit de tes œuvres, Seigneur, tu fais produire à la terre le pain, et le vin qui réjouit le cœur de l'homme. (cf. Ps 103, 13-15)

OU

Qui mange ma chair et boit mon sang a la vie éternelle, dit le Seigneur ; et moi, je le ressusciterai au dernier jour. (Jn 6, 54)

Prière après la communion

Que ta miséricorde agisse en nous, Seigneur, nous t'en prions, et qu'elle nous guérisse entièrement ; par ta bonté, transforme-nous et rends-nous si fervents que nous puissions te plaire en toute chose. Par le Christ, notre Seigneur. **— *Amen.***

INVITATION

C'est la fête des sept saints fondateurs des Servites, qui quittèrent tout pour vivre la pénitence, la pauvreté et la prière. Je peux prier pour la poursuite de leur œuvre.

COMMENTAIRE

Main tendue

Genèse 4, 1-15.25

La première lecture nous invite à nous interroger sur la manière dont nous gérons nos frustrations, la jalousie et la violence qui peuvent en découler. Ce texte nous renverrait une image très pessimiste de la nature humaine, n'était cette remarque de Dieu invitant Caïn à ne pas se laisser dominer par ses passions, n'était également la compassion de Dieu à l'égard de ce dernier. Ne consent-il pas à lui apporter sa protection dans son errance, ce qui équivaut à une main tendue qu'il s'agit de saisir ? ■

Sœur Emmanuelle Billoteau, *ermite*

❊ CLÉ DE LECTURE

« Aucun signe »

Marc 8, 12 *(p. 139)*

Ils veulent un signe du ciel pour le mettre à l'épreuve, pour vérifier qu'il parle au nom de Dieu, pour acquérir une certitude, mettre la main sur la vérité. Nous aimerions tant être sûrs, avoir une preuve, ou encore recevoir une nouvelle révélation ! Jésus refuse fermement : Dieu ne donnera pas de signe selon notre bon plaisir ou nos exigences. Chacun est renvoyé à sa responsabilité et à sa décision. Ne devrions-nous pas comprendre que le seul et unique signe que Dieu envoie nous a été donné dans la personne même de Jésus le Fils ? Lui a pris librement le chemin du don de sa vie. Chacun de nous est invité à le contempler, à méditer ce signe-là que nous proposent les évangiles. Puis à tenter de le suivre, en prenant le risque de la foi et de l'amour. ■

Roselyne Dupont-Roc, *bibliste*

Sept saints fondateurs de l'ordre des Servites

Couleur liturgique : blanc

Au XIIIe siècle, sept jeunes riches Florentins renoncèrent à leurs biens et se retirèrent sur le mont Senario pour fonder l'ordre des Servites ou Serviteurs de Marie.

Antienne d'ouverture

Seigneur, mon partage et ma coupe : de toi dépend mon sort. (cf. Ps 15, 5)

Prière

Mets en nous, Seigneur, cette piété qui portait les saints frères fondateurs des Servites à aimer tendrement la mère de ton Fils et à faire avancer ton peuple vers toi. Par Jésus… ***— Amen.***

Prière sur les offrandes

Dieu de grande bonté, en tes saints fondateurs des Servites, tu as détruit l'homme ancien pour créer un homme nouveau à ton image ; accorde-nous d'être renouvelés comme eux, afin que nous puissions te plaire en t'offrant ce sacrifice qui nous réconcilie avec toi. Par le Christ, notre Seigneur. ***— Amen.***

Antienne de la communion

Amen, je vous le dis : vous qui avez tout quitté pour me suivre, vous recevrez le centuple, et vous aurez en héritage la vie éternelle. (cf. Mt 19, 27-29)

Prière après la communion

Par la puissance de ce sacrement, Seigneur, nous te prions : conduis-nous sans cesse dans la voie de ton amour, comme tu fis pour les saints fondateurs des Servites ; l'œuvre de bonté que tu as entreprise en nous, poursuis-la jusqu'au jour du Christ Jésus. Lui qui… ***— Amen.***

MARDI 18 FÉVRIER 2025

6E SEMAINE DU TEMPS ORDINAIRE COULEUR LITURGIQUE : VERT

Temps ordinaire, *suggestion d'oraisons et d'antiennes n° 22*
ou **sainte Bernadette Soubirous,** *voir p. 147*

Antienne d'ouverture

Prends pitié de moi, Seigneur, car j'ai crié vers toi tout le jour, toi qui es bon et qui pardonnes, plein de miséricorde pour tous ceux qui t'appellent. (cf. Ps 85, 3.5)

Prière

Dieu de l'univers, de qui vient tout don parfait, enracine en nos cœurs l'amour de ton nom ; augmente notre foi pour développer ce qui est bon en nous ; veille sur nous avec sollicitude pour protéger ce que tu as fait grandir. Par Jésus…
— Amen.

Lecture

du livre de la Genèse (6, 5-8 ; 7, 1-5.10)

« Je vais effacer de la surface du sol les hommes que j'ai créés »

Le Seigneur vit que la méchanceté de l'homme était grande sur la terre, et que toutes les pensées de son cœur se portaient uniquement vers le mal à longueur de journée. Le Seigneur se repentit* d'avoir fait l'homme sur la terre ; il s'irrita en son cœur et il dit : « Je vais effacer de la surface du sol les hommes que j'ai créés – et non seulement les hommes mais aussi les bestiaux, les bestioles et les oiseaux du ciel – car je me

repens de les avoir faits. » Mais Noé trouva grâce aux yeux du Seigneur. Le Seigneur dit à Noé : « Entre dans l'arche, toi et toute ta famille, car j'ai vu qu'au sein de cette génération, devant moi, tu es juste. De tous les animaux purs, tu prendras sept mâles et sept femelles ; des animaux qui ne sont pas purs, tu en prendras deux, un mâle et une femelle ; et de même des oiseaux du ciel, sept mâles et sept femelles, pour que leur race continue à vivre à la surface de la terre. Encore sept jours, en effet, et je vais faire tomber la pluie sur la terre, pendant quarante jours et quarante nuits ; j'effacerai de la surface du sol tous les êtres que j'ai faits. » Noé fit tout ce que le Seigneur lui avait ordonné.
Sept jours plus tard, les eaux du déluge étaient sur la terre.
– Parole du Seigneur.

Psaume 28 (29)

℟ ***Le Seigneur bénit son peuple en lui donnant la paix.***

Rendez au Seigneur, vous, les dieux,
rendez au Seigneur gloire et puissance.
Rendez au Seigneur la gloire de son nom,
adorez le Seigneur, éblouissant de sainteté. ℟

La voix du Seigneur domine les eaux,
le Seigneur domine la masse des eaux.
Voix du Seigneur dans sa force,
voix du Seigneur qui éblouit. ℟

Le Dieu de la gloire déchaîne le tonnerre,
Et tous dans son temple s'écrient : « Gloire ! »
Au déluge le Seigneur a siégé ;
il siège, le Seigneur, il est roi pour toujours ! ℟

Acclamation de l'Évangile

Alléluia. Alléluia. Si quelqu'un m'aime, il gardera ma parole, dit le Seigneur ; mon Père l'aimera, et nous viendrons vers lui. ***Alléluia.***

Évangile de Jésus Christ

selon saint Marc (8, 14-21)

« Prenez garde au levain des pharisiens et au levain d'Hérode ! »

En ce temps-là, les disciples avaient oublié d'emporter des pains ; ils n'avaient qu'un seul pain avec eux dans la barque. Or Jésus leur faisait cette recommandation : « Attention ! Prenez garde au levain des pharisiens et au levain d'Hérode ! » Mais ils discutaient entre eux sur ce manque de pains. Jésus s'en rend compte et leur dit : « Pourquoi discutez-vous sur ce manque de pains ? Vous ne saisissez pas ? Vous ne comprenez pas encore ? Vous avez le cœur endurci ? Vous avez des yeux et vous ne voyez pas, vous avez des oreilles et vous n'entendez pas ! Vous ne vous rappelez pas ? Quand j'ai rompu les cinq pains pour cinq mille personnes, combien avez-vous ramassé de paniers pleins de morceaux ? » Ils lui répondirent : « Douze. – Et quand j'en ai rompu sept pour quatre mille, combien avez-vous rempli de corbeilles en ramassant les morceaux ? » Ils lui répondirent : « Sept. » Il leur disait : « Vous ne comprenez pas encore ? »

Prière sur les offrandes

Que cette offrande sainte nous apporte à jamais, Seigneur, la bénédiction du salut, afin qu'elle donne toute sa force à ce qu'elle accomplit dans le sacrement. Par le Christ, notre Seigneur. – ***Amen.***

Antienne de la communion

Qu'ils sont grands,
tes bienfaits, Seigneur !
Tu les réserves
à ceux qui te craignent. (Ps 30, 20)

OU

Heureux les artisans de paix,
car ils seront appelés fils de Dieu.
Heureux ceux qui sont persécutés
pour la justice, car le royaume
des Cieux est à eux.
(Mt 5, 9-10)

Prière après la communion

Rassasiés par le pain reçu à la table du ciel, nous te prions, Seigneur : que cette nourriture fortifie en nos cœurs la charité, et nous stimule à te servir dans nos frères. Par le Christ, notre Seigneur. – ***Amen.***

INVITATION

« Vous ne comprenez pas encore ? » Et si la question m'était posée, à moi ?

COMMENTAIRE

L'aventure continue! Genèse 6, 5-8; 7, 1-5.10

Le déluge, un phénomène naturel violent, a été interprété par les auteurs bibliques comme une purification de la Création, polluée par les « pensées » mauvaises de l'homme. Le regard est pessimiste ou peut-être simplement réaliste. Cela étant, Dieu ne s'avoue jamais vaincu devant le mal, il sait déceler en tout et en chacun (Noé, sa famille, etc.) les potentialités susceptibles de faire avancer l'aventure qu'il a commencée par ses créatures. Une invitation à affiner notre propre regard! ■

Sœur Emmanuelle Billoteau, ermite

✲ CLÉ DE LECTURE

« Le Seigneur se repentit » Genèse 6, 6 *(p. 142)*

Les textes bibliques se contrediraient-ils ? Dieu, le Créateur, le Dieu d'Israël ne saurait se rétracter comme un homme (Nb 23, 19; Os 11, 9), sinon pour renoncer au châtiment mérité par une humanité pervertie (Jon 3, 10). Et pourtant, ici, Dieu semble renoncer à son projet créateur de bénédiction et de vie : la méchanceté de l'humanité est désespérante, comment Dieu pourrait-il la tolérer ? C'est parfois le vertige qui nous prend devant les atrocités humaines, Dieu ne peut que se retirer et se taire! Mais, au-delà de tous les désastres et de toutes les violences, la foi juive et chrétienne continue à affirmer que Dieu est fidèle, que Dieu croit en nous, et qu'il nous fait crédit. Il ne cesse de renouveler sa promesse et de proposer son Alliance. ■

Roselyne Dupont-Roc, bibliste

Photo © Asife / Adobe Stock

AUTOPRIFEV25 PC

PrionsenÉglise

Votre bon d'abonnement au verso ▶

Prions en Église

GRELHS0128

☐ OUI, je m'abonne à *Prions en Église*.
Je recevrai le hors-série *Pâques 2025*.

EN CADEAU

ÉDITION	POCHE (13 x 11,9 cm) PRI	GRAND FORMAT (16 x 14,6 cm) PRI	+ un accès à tous les contenus du site et de l'application
PRÉLÈVEMENT MENSUEL Uniquement par internet	4,90 €/mois	5,75 €/mois	
PAIEMENT COMPTANT	1 an (12 n^{os}) ☐ 59 €	1 an (12 n^{os}) ☐ 69 €	
	2 ans (24 n^{os}) ☐ 105 €	2 ans (24 n^{os}) ☐ 115 €	

PAR COURRIER Renvoyez ce bulletin accompagné de votre chèque payable en France libellé à l'ordre de « Bayard » à l'adresse suivante : **Bayard - TSA 40020 - 93539 Aubervilliers CEDEX**

PAR INTERNET sur **librairie-bayard.com/abopri** (paiement 100 % sécurisé)

COORDONNÉES ☐ Mme ☐ M. Prénom

Nom A177524

Complément d'adresse (résid./Esc./Bât.)

N° et voie (rue/Av./Bd...)

Code postal Ville

Pays Date de naissance

Tél. E-mail

☐ J'accepte de recevoir les informations de Bayard par SMS

Pour recevoir la confirmation de votre abonnement, nos newsletters et correspondre avec vous par courriel

EN VENTE ÉGALEMENT EN LIBRAIRIE RELIGIEUSE. Abonnements à l'international : UE DOM TOM et autres pays : (+33) 1 74 31 15 01
SUISSE : (022) 860 84 02 • BELGIQUE : Tél. : 02 808.09.85 (appel gratuit) • LUXEMBOURG : 0032 2 808.09.85

Offre valable jusqu'au 30/04/2025 pour tout 1er abonnement. Si vous vous abonnez au-delà du 02/03/2025, alors vous recevrez un autre hors-série. Visuels non contractuels. Bayard s'engage à la réception du 1er numéro dans un délai de 4 semaines au maximum après enregistrement du règlement. Vous disposez d'un délai de 14 jours à compter de la réception du 1er numéro de votre magazine pour exercer votre droit de rétractation en notifiant clairement votre décision à notre service client. Vous pouvez également utiliser le modèle de formulaire de rétractation accessible dans nos CGV. Nous vous rembourserons dans les conditions prévues dans nos CGV sur : https://librairie-bayard.com/cgv. Ces informations sont destinées au groupe Bayard, auquel *Prions en Église* appartient. Elles sont enregistrées dans notre fichier à des fins de traitement de votre abonnement. Conformément à la loi « Informatique et Libertés » du 06/01/1978 modifiée et au RGPD du 27/04/2016, elles peuvent donner lieu à l'exercice du droit d'accès, de rectification, d'effacement, d'opposition, à la portabilité des données et à la limitation des traitements ainsi qu'à connaître le sort des données après la mort. Votre adresse mail sera utilisée pour vous envoyer les newsletters que vous avez demandées ou dont vous bénéficiez en tant que client. Vos coordonnées postales et téléphoniques pourront être utilisées à des fins de prospection commerciale par Bayard. Votre nom associé à vos coordonnées postales et téléphoniques sont susceptibles d'être transmises à nos partenaires (éditeurs, associations, VPC...). Vous pouvez vous opposer à la prospection commerciale en vous connectant à https://www.groupebayard.com/fr/contact ou en envoyant votre demande à : Bayard (CNIL), TSA 10065, 59714 Lille CEDEX 9. Pour plus d'informations, nous vous renvoyons aux dispositions de notre Politique de confidentialité sur le site groupebayard.com. Nous vous informons de l'existence de la liste d'opposition au démarchage téléphonique « Bloctel », sur laquelle vous pouvez vous inscrire ici : https://www.bloctel.gouv.fr

Sainte Bernadette Soubirous

Couleur liturgique : blanc

1844-1879. C'est à cette jeune fille pauvre de Lourdes que l'Immaculée choisit d'apparaître à dix-huit reprises, en 1858. Bernadette se retira ensuite chez les sœurs de la Charité de Nevers.

Antienne d'ouverture

Que tu es belle, vierge du Christ !
Tu as mérité de recevoir la couronne
du Seigneur, la couronne
de la virginité à jamais.

Prière

Tu prends la défense des humbles, Seigneur, tu les aimes et les glorifies, et tu as donné à sainte Bernadette d'étonnantes grâces de patience et de charité ; fais qu'à sa prière et à son exemple, en suivant simplement les chemins de la foi, nous puissions te contempler dans le royaume des Cieux. Par Jésus… **– *Amen.***

Prière sur les offrandes

Nous proclamons tes merveilles, accomplies en la bienheureuse vierge, sainte Bernadette, Seigneur, Dieu de majesté, et nous te supplions humblement : toi qui appréciais les mérites de sa vie, accepte l'hommage de notre service. Par le Christ, notre Seigneur. **– *Amen.***

Antienne de la communion

J'ai demandé une chose au Seigneur,
la seule que je cherche :
habiter la maison du Seigneur
tous les jours de ma vie. (cf. Ps 26, 4)

Prière après la communion

En participant au don que tu nous as fait, Seigneur notre Dieu, nous avons renouvelé nos forces, et nous te supplions encore : qu'à l'exemple de sainte Bernadette, portant dans notre corps la mort de Jésus, nous cherchions à nous attacher à toi seul. Par le Christ, notre Seigneur. **– *Amen.***

MERCREDI 19 FÉVRIER 2025

6E SEMAINE DU TEMPS ORDINAIRE COULEUR LITURGIQUE : VERT

Temps ordinaire, *suggestion d'oraisons et d'antiennes n° 23*

Antienne d'ouverture

Toi, tu es juste, Seigneur,
tu es droit dans ton jugement.
Agis pour ton serviteur
selon ta miséricorde. (cf. Ps 118, 137.124a)

Prière

Seigneur Dieu, par toi nous vient la rédemption, par toi nous est donnée l'adoption filiale ; dans ta bonté, regarde avec amour tes enfants ; à ceux qui croient au Christ, accorde la vraie liberté et la vie éternelle en héritage. Par Jésus… — ***Amen.***

Lecture

du livre de la Genèse (8, 6-13.20-22)

« Noé regarda : et voici que la surface du sol était sèche »

Au bout de quarante jours, Noé ouvrit la fenêtre de l'arche qu'il avait construite, et il lâcha le corbeau ; celui-ci fit des allers et retours, jusqu'à ce que les eaux se soient retirées, laissant la terre à sec. Noé lâcha aussi la colombe pour voir si les eaux avaient baissé à la surface du sol. La colombe ne trouva pas d'endroit où se poser, et elle revint vers l'arche auprès de lui, parce que les eaux étaient sur toute la surface

de la terre ; Noé tendit la main, prit la colombe, et la fit rentrer auprès de lui dans l'arche. Il attendit encore sept jours, et lâcha de nouveau la colombe hors de l'arche. Vers le soir, la colombe revint, et voici qu'il y avait dans son bec un rameau d'olivier tout frais ! Noé comprit ainsi que les eaux avaient baissé sur la terre. Il attendit encore sept autres jours et lâcha la colombe, qui, cette fois-ci, ne revint plus vers lui. C'est en l'an six cent un de la vie de Noé, au premier mois, le premier jour du mois, que les eaux s'étaient retirées, laissant la terre à sec. Noé enleva le toit de l'arche, et regarda : et voici que la surface du sol était sèche. Noé bâtit un autel au Seigneur ; il prit, parmi tous les animaux purs et tous les oiseaux purs, des victimes qu'il offrit en holocauste sur l'autel. Le Seigneur respira l'agréable odeur, et il se dit en lui-même : « Jamais plus je ne maudirai le sol à cause de l'homme : le cœur de l'homme est enclin au mal dès sa jeunesse, mais jamais plus je ne frapperai tous les vivants comme je l'ai fait. Tant que la terre durera, semailles et moissons, froidure et chaleur, été et hiver, jour et nuit jamais ne cesseront. » – Parole du Seigneur.

16 - 22

Psaume 115 (116B)

℟ ***Seigneur, je t'offrirai le sacrifice d'action de grâce.*** OU ***Alléluia !***

Comment rendrai-je au Seigneur
tout le bien qu'il m'a fait ?
J'élèverai la coupe du salut,
j'invoquerai le nom du Seigneur. ℟

Je tiendrai mes promesses au Seigneur,
oui, devant tout son peuple !
Il en coûte au Seigneur
de voir mourir les siens ! ℟

Je tiendrai mes promesses au Seigneur,
oui, devant tout son peuple,
à l'entrée de la maison du Seigneur,
au milieu de Jérusalem ! R/

Acclamation de l'Évangile

Alléluia. Alléluia. Que le Père de notre Seigneur Jésus Christ ouvre à sa lumière les yeux de notre cœur, pour que nous percevions l'espérance que donne son appel. ***Alléluia.***

Évangile de Jésus Christ

selon saint Marc (8, 22-26)

« L'aveugle se trouva guéri, et il distinguait tout avec netteté »

En ce temps-là, Jésus et ses disciples arrivèrent à Bethsaïde. Des gens lui amènent un aveugle et le supplient de le toucher. Jésus prit l'aveugle par la main et le conduisit hors du village. Il lui mit de la salive sur les yeux et lui imposa les mains. Il lui demandait : « Aperçois-tu quelque chose ? » Levant les yeux, l'homme disait : « J'aperçois les gens : ils ressemblent à des arbres que je vois marcher. » Puis Jésus, de nouveau, imposa les mains sur les yeux de l'homme ; celui-ci se mit à voir normalement, il se trouva guéri*, et il distinguait tout avec netteté. Jésus le renvoya dans sa maison en disant : « Ne rentre même pas dans le village. »

Prière sur les offrandes

Seigneur Dieu, source de la piété véritable et de la paix, nous t'en prions, accorde-nous d'honorer dignement ta gloire par cette offrande ; que, dans la participation fidèle aux saints mystères, nous prenions davantage conscience de notre unité. Par le Christ, notre Seigneur. **— *Amen.***

Antienne de la communion

Comme un cerf altéré cherche
la source des eaux, ainsi mon âme
te désire, toi, mon Dieu. Mon âme
a soif de Dieu, le Dieu vivant et fort.
(cf. Ps 41, 2-3)

OU

Je suis la lumière du monde,
dit le Seigneur. Celui qui me suit
ne marchera pas dans les ténèbres,
il aura la lumière de la vie.
(Jn 8, 12)

Prière après la communion

Par ta parole, Seigneur, et par le sacrement du ciel, tu nourris tes fidèles et tu les fais vivre : accorde-nous de si bien profiter de tels dons que nous soyons associés pour toujours à la vie de ton Fils bien-aimé. Lui qui… **— *Amen.***

INVITATION

« L'aveugle se trouva guéri, et il distinguait tout avec netteté. » Seigneur, guéris-moi et aide-moi à distinguer clairement ce que tu veux que je fasse.

COMMENTAIRE

Ce qui demeure Genèse 8, 6-13.20-22

Si les Pères de l'Église ont interprété le déluge comme une figure du baptême, ils ont vu dans l'arche celle de l'Église censée permettre au croyant la traversée des eaux tumultueuses de la vie et de la mort. Quoi qu'il en soit, à travers ce récit qui prête à Dieu des sentiments humains, l'auteur biblique nous partage sa conviction de foi : celle d'une alliance indéfectible entre Dieu et l'humanité. Ce dont témoigne la stabilité du cosmos qui demeure, alors même que l'homme passe (cf. Qo 1, 4). ■

Sœur Emmanuelle Billoteau, *ermite*

❊ CLÉ DE LECTURE

« Il se trouva guéri » Marc 8, 25 *(p. 150)*

Comme la « guérison » du sourd-muet au chapitre 7 de l'évangile de Marc (Mc 7, 32), celle de l'aveugle est difficile. Jésus utilise des pratiques thérapeutiques connues et le retour à la vision se fait en deux temps. Précédant la déclaration maladroite de Pierre à Césarée, ces récits suggèrent à quel point le chemin des disciples vers la foi en celui qu'ils suivent est lent, ponctué d'incompréhensions. Il leur faudra traverser le refus devant la Croix et accueillir la parole des messagères venues du tombeau pour comprendre enfin, dans la lumière de Pâques, qui est ce Jésus qui les fascine et les inquiète. De quoi nous aider dans notre propre cheminement, toujours semé de doutes ou de fausses appréhensions, et nous rappeler à quel point nous avons besoin de secours pour mieux croire. ■

Roselyne Dupont-Roc, *bibliste*

JEUDI 20 FÉVRIER 2025

6ᴱ SEMAINE DU TEMPS ORDINAIRE COULEUR LITURGIQUE : VERT

Temps ordinaire, *suggestion d'oraisons et d'antiennes n° 24*

Antienne d'ouverture

Donne la paix, Seigneur, à ceux qui t'attendent ;
que tes prophètes soient reconnus dignes de foi.
Écoute les prières de ton serviteur, et de ton peuple Israël.
(cf. Si 36, 21-22)

Prière

Dieu créateur et maître de tout, pose sur nous ton regard, et pour que nous ressentions l'effet de ton pardon, accorde-nous de te servir avec un cœur sans partage. Par Jésus… ***— Amen.***

Lecture

du livre de la Genèse (9, 1-13)

« Je mets mon arc au milieu des nuages, pour qu'il soit le signe de l'alliance entre moi et la terre »

Dieu bénit Noé et ses fils. Il leur dit : « Soyez féconds, multipliez-vous, remplissez la terre. Vous serez la crainte et la terreur de tous les animaux de la terre, de tous les oiseaux du ciel, de tout ce qui va et vient sur le sol, et de tous les poissons de la mer : ils sont livrés entre vos mains. Tout ce qui va et vient, tout ce qui vit sera votre nourriture ;

comme je vous avais donné l'herbe verte, je vous donne tout cela. Mais, avec la chair, vous ne mangerez pas le principe de vie, c'est-à-dire le sang. Quant au sang, votre principe de vie, j'en demanderai compte à tout animal et j'en demanderai compte à tout homme ; à chacun, je demanderai compte de la vie de l'homme, son frère. Si quelqu'un verse le sang de l'homme, par l'homme son sang sera versé. Car Dieu a fait l'homme à son image. Et vous, soyez féconds, multipliez-vous, devenez très nombreux sur la terre ; oui, multipliez-vous ! » Dieu dit encore à Noé et à ses fils : « Voici que moi, j'établis mon alliance avec vous, avec votre descendance après vous, et avec tous les êtres vivants qui sont avec vous : les oiseaux, le bétail, toutes les bêtes de la terre, tout ce qui est sorti de l'arche. Oui, j'établis mon alliance avec vous : aucun être de chair ne sera plus détruit par les eaux du déluge, il n'y aura plus de déluge pour ravager la terre. » Dieu dit encore : « Voici le signe de l'alliance que j'établis entre moi et vous, et avec tous les êtres vivants qui sont avec vous, pour les générations à jamais : je mets mon arc au milieu des nuages, pour qu'il soit le signe de l'alliance entre moi et la terre. »
– Parole du Seigneur.

Psaume 101 (102)

℟ ***Du ciel, le Seigneur regarde la terre.***

Les nations craindront le nom du Seigneur,
et tous les rois de la terre, sa gloire :
quand le Seigneur rebâtira Sion,
quand il apparaîtra dans sa gloire,
il se tournera vers la prière du spolié,
il n'aura pas méprisé sa prière. ℟

Que cela soit écrit pour l'âge à venir,
et le peuple à nouveau créé
chantera son Dieu :
« Des hauteurs, son sanctuaire,
le Seigneur s'est penché ;
du ciel, il regarde la terre
pour entendre la plainte des captifs
et libérer ceux qui devaient mourir. » ℟

On publiera dans Sion le nom du Seigneur
et sa louange dans tout Jérusalem,
au rassemblement
des royaumes et des peuples
qui viendront servir le Seigneur.
Les fils de tes serviteurs
trouveront un séjour,
et devant toi se maintiendra
leur descendance. ℟

Acclamation de l'Évangile

Alléluia. Alléluia. Tes paroles, Seigneur, sont esprit et elles sont vie. Tu as les paroles de la vie éternelle. ***Alléluia.***

Évangile de Jésus Christ

selon saint Marc (8, 27-33)

« Tu es le Christ.
– Il fallait que le Fils de l'homme souffre beaucoup »

En ce temps-là, Jésus s'en alla, ainsi que ses disciples, vers les villages situés aux environs de Césarée-de-Philippe. Chemin faisant, il interrogeait ses disciples : « Au dire des gens, qui suis-je ? » Ils lui répondirent : « Jean le Baptiste ; pour d'autres, Élie ; pour d'autres, un des prophètes. » Et lui les interrogeait : « Et vous, que dites-vous ?

Pour vous, qui suis-je ? » Pierre, prenant la parole, lui dit : « Tu es le Christ. » Alors, il leur défendit vivement de parler de lui à personne. Il commença à leur enseigner qu'il fallait que le Fils de l'homme souffre beaucoup, qu'il soit rejeté par les anciens, les grands prêtres et les scribes, qu'il soit tué, et que, trois jours après, il ressuscite. Jésus disait cette parole ouvertement. Pierre, le prenant à part, se mit à lui faire de vifs reproches. Mais Jésus se retourna et, voyant ses disciples, il interpella vivement Pierre : « Passe derrière moi, Satan ! Tes pensées ne sont pas celles de Dieu, mais celles des hommes. »

Prière sur les offrandes

Sois favorable à nos supplications, Seigneur, et dans ta bonté accueille les offrandes de ceux qui te servent : que les dons offerts par chacun en l'honneur de ton nom soient utiles au salut de tous. Par le Christ, notre Seigneur.
— Amen.

Antienne de la communion

Qu'elle est précieuse,
ta miséricorde, ô mon Dieu !
Les hommes trouvent refuge
à l'ombre de tes ailes.
(cf. Ps 35, 8)
OU

La coupe de bénédiction
que nous bénissons est communion
au sang du Christ.
Le pain que nous rompons est
participation au corps du Seigneur.
(cf. 1 Co 10, 16)

Prière après la communion

Que la force agissante de ce don divin, nous t'en prions, Seigneur, saisisse nos esprits et nos corps, afin que son influence, et non pas notre sentiment, prédomine toujours en nous. Par le Christ, notre Seigneur. — ***Amen.***

INVITATION

Si, comme Pierre, je crois que Jésus est bien le Christ, je peux prier en lisant à haute voix le Symbole des Apôtres.

COMMENTAIRE

16 - 22

Un supplément de bénédiction

Genèse 9, 1-13

Dieu renouvelle la bénédiction proférée au premier chapitre de la Genèse (Gn 1, 28). Ce qui suggère un renouveau. Dieu apparaît comme l'Ami de la vie, qui veut partager avec l'humanité sa capacité à la transmettre et non comme un Dieu jaloux de ses prérogatives. Une bénédiction qui peut prendre de multiples formes : fécondité physique, intellectuelle, spirituelle, relationnelle. La solidarité de l'homme et du cosmos, dans la chute ou le salut, est également affirmée. Ce qui fonde notre attention à la Création. ■

***Sœur Emmanuelle Billoteau,** ermite*

VENDREDI 21 FÉVRIER 2025

6ᴱ SEMAINE DU TEMPS ORDINAIRE COULEUR LITURGIQUE : VERT

Temps ordinaire, *suggestion d'oraisons et d'antiennes n° 25*
ou **saint Pierre Damien,** *voir p. 162*

Antienne d'ouverture

Je suis le salut de mon peuple, dit le Seigneur, dans toutes les épreuves, s'il crie vers moi, je l'exaucerai ; je serai son Seigneur pour toujours.

Prière

Seigneur Dieu, tu as voulu que toute la loi de sainteté consiste à t'aimer et à aimer son prochain : donne-nous de garder tes commandements, et de parvenir ainsi à la vie éternelle. Par Jésus… ***— Amen.***

Lecture

du livre de la Genèse (11, 1-9)

« Allons ! descendons, et là, embrouillons leur langue »

Toute la terre avait alors la même langue et les mêmes mots. Au cours de leurs déplacements du côté de l'orient, les hommes découvrirent une plaine en Mésopotamie, et s'y établirent. Ils se dirent l'un à l'autre : « Allons ! fabriquons des briques et mettons-les à cuire ! » Les briques leur servaient de pierres, et le bitume, de mortier. Ils dirent : « Allons ! bâtissons-nous une ville, avec une tour dont le sommet soit dans les cieux. Faisons-nous un nom, pour ne pas être disséminés sur toute la surface de la terre. » Le Seigneur descendit pour voir la ville et la tour

que les hommes avaient bâties. Et le Seigneur dit : « Ils sont un seul peuple, ils ont tous la même langue : s'ils commencent ainsi, rien ne les empêchera désormais de faire tout ce qu'ils décideront. Allons ! descendons, et là, embrouillons leur langue : qu'ils ne se comprennent plus les uns les autres. » De là, le Seigneur les dispersa sur toute la surface de la terre. Ils cessèrent donc de bâtir la ville. C'est pourquoi on l'appela Babel, car c'est là que le Seigneur embrouilla la langue des habitants de toute la terre ; et c'est de là qu'il les dispersa sur toute la surface de la terre.

– Parole du Seigneur.

Psaume 32 (33)

℟ ***Heureux le peuple que le Seigneur s'est choisi pour domaine.***

Le Seigneur a déjoué les plans des nations,
anéanti les projets des peuples.
Le plan du Seigneur demeure pour toujours,
les projets de son cœur
subsistent d'âge en âge. ℟

Heureux le peuple
dont le Seigneur est le Dieu,
heureuse la nation
qu'il s'est choisie pour domaine !

Du haut des cieux, le Seigneur regarde :
il voit la race des hommes. ℟

Du lieu qu'il habite, il observe
tous les habitants de la terre,
lui qui forme le cœur de chacun,
qui pénètre toutes leurs actions. ℟

Acclamation de l'Évangile

Alléluia. Alléluia. Je vous appelle mes amis, dit le Seigneur, car tout ce que j'ai entendu de mon Père, je vous l'ai fait connaître. ***Alléluia.***

Évangile de Jésus Christ

selon saint Marc (8, 34 – 9, 1)

« Celui qui perdra sa vie à cause de moi et de l'Évangile la sauvera »

En ce temps-là, appelant la foule avec ses disciples, Jésus leur dit : « Si quelqu'un veut marcher à ma suite, qu'il renonce à lui-même, qu'il prenne sa croix et qu'il me suive. Car celui qui veut sauver sa vie la perdra ; mais celui qui perdra sa vie à cause de moi et de l'Évangile la sauvera. Quel avantage, en effet, un homme a-t-il à gagner le monde entier si c'est au prix de sa vie ? Que pourrait-il donner en échange de sa vie ? Celui qui a honte de moi et de mes paroles dans cette génération adultère et pécheresse, le Fils de l'homme aussi aura honte de lui, quand il viendra dans la gloire de son Père avec les saints anges. »

Et il leur disait : « Amen, je vous le dis : parmi ceux qui sont ici, certains ne connaîtront pas la mort avant d'avoir vu le règne de Dieu venu avec puissance. »

Prière sur les offrandes

Reçois favorablement, nous t'en prions, Seigneur, les dons présentés par ton peuple : que tous obtiennent par tes sacrements ce qu'ils proclament dans la ferveur de la foi. Par le Christ, notre Seigneur. ***– Amen.***

Antienne de la communion

Toi, tu promulgues des préceptes à observer entièrement. Puissent mes voies s'affermir à observer tes commandements ! (Ps 118, 4-5)
OU Je suis le bon pasteur, dit le Seigneur, je connais mes brebis, et mes brebis me connaissent. (Jn 10, 14)

Prière après la communion

Dans ta bonté, Seigneur, fais que ton aide soutienne toujours ceux que tu as nourris de tes sacrements, afin qu'ils puissent, dans ces mystères et par toute leur vie, recueillir les fruits de la rédemption. Par le Christ, notre Seigneur. **— *Amen.***

INVITATION

« L'objectif de l'œuvre réformatrice de saint Pierre Damien [...] était de faire en sorte que l'Église devienne plus libre » (Benoît XVI).
En cette fête de saint Pierre Damien, je prie pour notre Église.

COMMENTAIRE

Une tour de démesure

Genèse 11, 1-9

La tour de Babel symbolise la démesure de l'homme, sa volonté d'être invincible et reconnu comme tel. Des tendances qui nous habitent tous et nous poussent à nier la différence ou à vouloir l'annihiler en instaurant, plus ou moins consciemment, le règne de la pensée unique ou un régime totalitaire. La mise en regard avec le chapitre 2 des Actes des Apôtres, qui relate le don de l'Esprit lors de la Pentecôte, nous révèle que si une unité est possible, c'est à la condition de respecter chacun dans sa différence. ■

***Sœur Emmanuelle Billoteau**, ermite*

Saint Pierre Damien

Couleur liturgique : blanc

1007-1072. Moine camaldule, créé cardinal-évêque d'Ostie en 1057. Dans ses pamphlets, il dénonça avec vigueur les abus d'une partie du clergé. Docteur de l'Église.

Antienne d'ouverture

Les lèvres du juste méditent
la sagesse et sa bouche énonce
le droit. La loi de son Dieu
est dans son cœur.

(Ps 36, 30-31)

Prière

Accorde-nous, Dieu tout-puissant, de suivre les exemples et les exhortations de l'évêque saint Pierre Damien, afin que, sans rien préférer au Christ, et toujours attentifs à servir ton Église, nous parvenions aux joies de la lumière éternelle. Par Jésus… – ***Amen.***

Prière sur les offrandes

Daigne accepter, Seigneur Dieu, ce sacrifice que nous t'offrons de grand cœur, en la fête de saint Pierre Damien : fidèles à son enseignement, nous voulons nous offrir tout entiers en célébrant ta louange. Par le Christ, notre Seigneur. – ***Amen.***

Antienne de la communion

Voici le serviteur fidèle et avisé
que le maître a établi sur sa maison,
pour donner à chacun,
en temps voulu, sa part de blé.

(cf. Lc 12, 42)

Prière après la communion

Ceux que tu fortifies, Seigneur, par le Christ, pain vivant, forme-les aussi par le Christ, le seul maître, pour qu'en la fête de saint Pierre Damien, ils soient instruits de ta vérité et la mettent en œuvre dans la charité. Par le Christ, notre Seigneur. – ***Amen.***

SAMEDI 22 FÉVRIER 2025

COULEUR LITURGIQUE : BLANC

Chaire de saint Pierre, apôtre

Antienne d'ouverture

Le Seigneur dit à Pierre :
« J'ai prié pour toi, afin que ta foi ne défaille pas.
Toi donc, quand tu seras revenu, affermis tes frères. » (Lc 22, 32)

Gloire à Dieu *(p. 212)*

Prière

Nous t'en prions, Dieu tout-puissant : fais que rien ne parvienne à nous ébranler, puisque tu nous as établis solidement sur la pierre de la foi confessée par ton apôtre. Par Jésus… ***— Amen.***

Lectures propres à la fête de la Chaire de saint Pierre, apôtre.

Lecture

de la première lettre de saint Pierre apôtre (5, 1-4)

« Moi qui suis ancien et témoin des souffrances du Christ »

Bien-aimés, les anciens en fonction parmi vous, je les exhorte, moi qui suis ancien comme eux et témoin des souffrances du Christ, communiant à la gloire qui va se révéler : soyez les pasteurs du troupeau de Dieu qui se trouve chez vous ; veillez sur lui, non par contrainte mais de

plein gré, selon Dieu ; non par cupidité mais par dévouement ; non pas en commandant en maîtres à ceux qui vous sont confiés, mais en devenant les modèles du troupeau. Et, quand se manifestera le Chef des pasteurs, vous recevrez la couronne de gloire qui ne se flétrit pas. – Parole du Seigneur.

Psaume 22 (23)

℟ ***Le Seigneur est mon berger : rien ne saurait me manquer.***

Le Seigneur est mon berger :
je ne manque de rien.
Sur des prés d'herbe fraîche,
il me fait reposer. ℟

Il me mène vers les eaux tranquilles
et me fait revivre ;
il me conduit par le juste chemin
pour l'honneur de son nom. ℟

Si je traverse les ravins de la mort,
je ne crains aucun mal,
car tu es avec moi :
ton bâton me guide et me rassure. ℟

Tu prépares la table pour moi
devant mes ennemis ;
tu répands le parfum sur ma tête,
ma coupe est débordante. ℟

Grâce et bonheur m'accompagnent
tous les jours de ma vie ;
j'habiterai la maison du Seigneur
pour la durée de mes jours. ℟

Acclamation de l'Évangile

Alléluia. Alléluia. Tu es Pierre, et sur cette pierre je bâtirai mon Église ; et la puissance de la Mort ne l'emportera pas sur elle. ***Alléluia.***

Évangile de Jésus Christ

selon saint Matthieu (16, 13-19)

« Tu es Pierre, et je te donnerai les clés du royaume des Cieux »

En ce temps-là, Jésus, arrivé dans la région de Césarée-de-Philippe, demandait à ses disciples : « Au dire des gens, qui est le Fils de l'homme ? » Ils répondirent : « Pour les uns, Jean le Baptiste ; pour d'autres, Élie ; pour d'autres encore, Jérémie ou l'un des prophètes. » Jésus leur demanda : « Et vous, que dites-vous ? Pour vous, qui suis-je ? » Alors Simon-Pierre prit la parole et dit : « Tu es le Christ, le Fils du Dieu vivant ! » Prenant la parole à son tour, Jésus lui dit : « Heureux es-tu, Simon fils de Yonas : ce n'est pas la chair et le sang qui t'ont révélé cela, mais mon Père qui est aux cieux. Et moi, je te le déclare : Tu es Pierre, et sur cette pierre je bâtirai mon Église ; et la puissance de la Mort ne l'emportera pas sur elle. Je te donnerai les clés du royaume des Cieux : tout ce que tu auras lié sur la terre sera lié dans les cieux, et tout ce que tu auras délié sur la terre sera délié dans les cieux. »

Prière sur les offrandes

Dans ta bonté, Seigneur, accepte l'offrande et la prière de ton Église : puisqu'elle tient de l'enseignement du bienheureux Pierre l'intégrité de la foi, fais que, sous la conduite d'un tel pasteur, elle parvienne à l'héritage éternel. Par le Christ, notre Seigneur. ***— Amen.***

1re préface des Apôtres, p. 219.

Antienne de la communion
Pierre dit à Jésus : « Tu es le Christ, le Fils du Dieu vivant. »
Jésus lui répondit : « Tu es Pierre, et sur cette pierre je bâtirai mon Église. »
(cf. Mt 16, 16.18)

Prière après la communion
Tu nous as fortifiés, Seigneur Dieu, en cette fête du bienheureux apôtre Pierre par la communion au corps et au sang du Christ ; que cet échange où nous sommes rachetés soit pour nous sacrement d'unité et de paix. Par le Christ, notre Seigneur. – ***Amen.***

INVITATION

Aujourd'hui spécialement, je confie au Seigneur le pape, successeur de saint Pierre, et sa mission pour l'Église.

COMMENTAIRE

Suprême berger

1 Pierre 5, 1-4

La première lecture définit bien la place des anciens dans les communautés chrétiennes. Ses propos suggèrent que les dysfonctionnements étaient déjà présents aux tout débuts de l'Église et qu'il est un combat à mener par les pasteurs et par la communauté pour que la cupidité, la soif de dominer, la lassitude ne l'emportent pas. Et surtout que nous n'oubliions pas que le « berger suprême » est le Christ, modèle, mais aussi maître intérieur qui appelle à s'unir à lui. ■

Sœur Emmanuelle Billoteau, *ermite*

DIMANCHE 23 FÉVRIER 2025

7e DIMANCHE DU TEMPS ORDINAIRE

ANNÉE C – COULEUR LITURGIQUE : VERT

« Aimez vos ennemis, faites du bien et prêtez sans rien espérer en retour. » Luc 6, 35

© Gaëtan Évrard

« Aimez vos ennemis. » L'injonction de Jésus est au-delà de nos forces. Comment aimer celui qui nous veut du mal, celui qui nous a blessés ? Regardons notre Père du ciel. C'est avec miséricorde qu'il se penche sur toute l'humanité, sur ses amis et sur ceux qui lui veulent du mal. Tournons-nous vers Dieu avec foi. Demandons-lui sa force pour être, à notre tour, des ambassadeurs de la miséricorde, du pardon, de l'amour inconditionnel.

RITES INITIAUX

Chant d'entrée *(Suggestions p. 239)*

OU

Antienne d'ouverture

Seigneur, j'ai mis mon espoir en ta miséricorde ;
mon cœur a exulté dans ton salut !
Je chanterai le Seigneur pour le bien qu'il m'a fait.
(cf. Ps 12, 6)

Suggestion de préparation pénitentielle *(ou p. 210)*

« Aimez vos ennemis, faites du bien et prêtez sans rien espérer en retour. […] Ne jugez pas. » Avec confiance, tournons-nous vers Dieu et reconnaissons que nous sommes pécheurs.

Seigneur Jésus, toi qui pardonnes toutes nos offenses, toi qui n'agis pas envers nous selon nos fautes, accorde-nous ton pardon.
— Nous avons péché contre toi.

Toi qui nous invites à donner avec générosité et à être miséricordieux, toi qui pardonnes à ceux qui t'insultent et te calomnient, montre-nous ta miséricorde.
— Et nous serons sauvés.

Que Dieu tout-puissant nous fasse miséricorde ; qu'il nous pardonne nos péchés et nous conduise à la vie éternelle. ***— Amen.***

Ensuite, on chante ou on dit le Kyrie, p. 211.

Gloire à Dieu (p. 212)

Prière

Dieu tout-puissant, nous t'en prions : accorde-nous de conformer à ta volonté nos paroles et nos actes dans une inlassable recherche des biens spirituels. Par Jésus… — ***Amen.***

LITURGIE DE LA PAROLE

Lecture du premier livre de Samuel (26, 2.7-9.12-13.22-23)

« Le Seigneur t'avait livré entre mes mains,
mais je n'ai pas voulu porter la main sur le messie du Seigneur »

En ces jours-là, Saül se mit en route, il descendit vers le désert de Zif avec trois mille hommes, l'élite d'Israël, pour y traquer David. David et Abishaï arrivèrent de nuit, près de la troupe. Or, Saül était couché, endormi, au milieu du camp, sa lance plantée en terre près de sa tête ; Abner et ses hommes étaient couchés autour de lui. Alors Abishaï dit à David : « Aujourd'hui Dieu a livré ton ennemi entre tes mains. Laisse-moi donc le clouer à terre avec sa propre lance, d'un seul coup, et je n'aurai pas à m'y reprendre à deux fois. » Mais David dit à Abishaï : « Ne le tue pas ! Qui pourrait demeurer impuni après avoir porté la main sur celui qui a reçu l'onction du Seigneur ? » David prit la lance et la gourde d'eau qui étaient près de la tête de Saül, et ils s'en allèrent. Personne ne

vit rien, personne ne le sut, personne ne s'éveilla : ils dormaient tous, car le Seigneur avait fait tomber sur eux un sommeil mystérieux. David passa sur l'autre versant de la montagne et s'arrêta sur le sommet, au loin, à bonne distance. Il appela Saül et lui cria : « Voici la lance du roi. Qu'un jeune garçon traverse et vienne la prendre ! Le Seigneur rendra à chacun selon sa justice et sa fidélité. Aujourd'hui, le Seigneur t'avait livré entre mes mains, mais je n'ai pas voulu porter la main sur le messie du Seigneur. »
– Parole du Seigneur.

Psaume 102 (103)

℟ ***Le Seigneur est tendresse et pitié.***

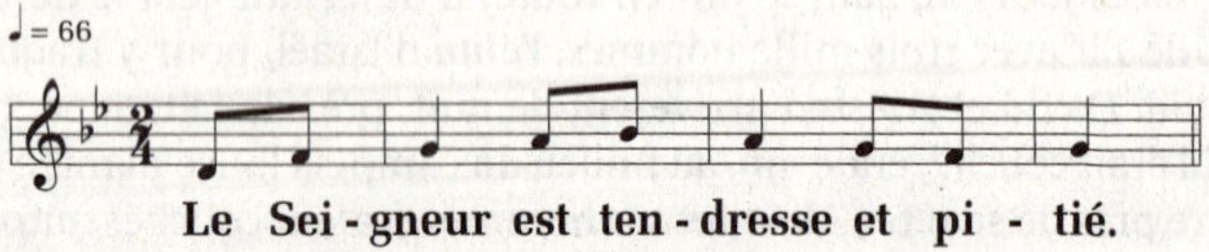

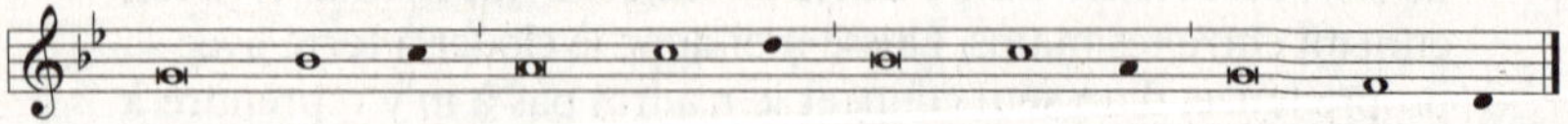

T. : AELF ; M. : T. Ospital ; Éd. : ADF.

Bénis le Seigneur, ô mon âme,
bénis son nom très saint, tout mon être !
Bénis le Seigneur, ô mon âme,
n'oublie aucun de ses bienfaits ! ℟

Car il pardonne toutes tes offenses
et te guérit de toute maladie ;
il réclame ta vie à la tombe
et te couronne d'amour et de tendresse. ℟

Le Seigneur est tendresse et pitié,
lent à la colère et plein d'amour ;
il n'agit pas envers nous selon nos fautes,
ne nous rend pas selon nos offenses. ℟

Aussi loin qu'est l'orient de l'occident,
il met loin de nous nos péchés ;
comme la tendresse du père pour ses fils,
la tendresse du Seigneur pour qui le craint ! ℟

Écoutez ce psaume sur
**www.prionseneglise.fr/
messe-du-dimanche**

Lecture de la première lettre de saint Paul apôtre aux Corinthiens (15, 45-49)

« De même que nous aurons été à l'image de celui qui est fait d'argile, de même nous serons à l'image de celui qui vient du ciel »

Frères, l'Écriture dit : *Le premier homme, Adam, devint un être vivant;* le dernier Adam – le Christ – est devenu l'être spirituel qui donne la vie. Ce qui vient d'abord, ce n'est pas le spirituel, mais le physique; ensuite seulement vient le spirituel. Pétri d'argile, le premier homme vient de la terre; le deuxième homme, lui, vient du ciel. Comme Adam est fait d'argile, ainsi les hommes sont faits d'argile; comme le Christ est du ciel, ainsi les hommes seront du ciel. Et de même que nous aurons été à l'image de celui qui est fait d'argile, de même nous serons à l'image de celui qui vient du ciel.

– Parole du Seigneur.

Acclamation de l'Évangile

Alléluia. Alléluia. Je vous donne un commandement nouveau, dit le Seigneur : « Aimez-vous les uns les autres, comme je vous ai aimés. » ***Alléluia.***

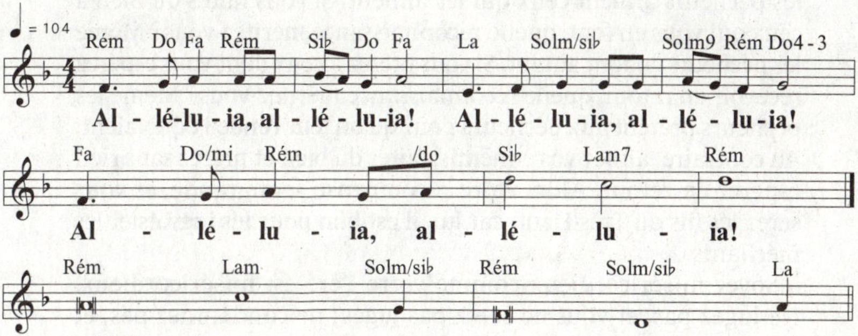

T. : AELF; M. : P. Robert.

Évangile de Jésus Christ selon saint Luc (6, 27-38)

« Soyez miséricordieux comme votre Père est miséricordieux »

En ce temps-là, Jésus déclarait à ses disciples : « Je vous le dis, à vous qui m'écoutez : Aimez vos ennemis, faites du bien à ceux qui vous haïssent. Souhaitez du bien à ceux qui vous maudissent, priez pour ceux qui vous calomnient. À celui qui te frappe sur une joue, présente l'autre joue. À celui qui te prend ton manteau,

ne refuse pas ta tunique. Donne à quiconque te demande, et à qui prend ton bien, ne le réclame pas. Ce que vous voulez que les autres fassent pour vous, faites-le aussi pour eux. Si vous aimez ceux qui vous aiment, quelle reconnaissance méritez-vous ? Même les pécheurs aiment ceux qui les aiment. Si vous faites du bien à ceux qui vous en font, quelle reconnaissance méritez-vous ? Même les pécheurs en font autant. Si vous prêtez à ceux dont vous espérez recevoir en retour, quelle reconnaissance méritez-vous ? Même les pécheurs prêtent aux pécheurs pour qu'on leur rende l'équivalent. Au contraire, aimez vos ennemis, faites du bien et prêtez sans rien espérer en retour. Alors votre récompense sera grande, et vous serez les fils du Très-Haut, car lui, il est bon pour les ingrats et les méchants.
« Soyez miséricordieux comme votre Père est miséricordieux. Ne jugez pas, et vous ne serez pas jugés ; ne condamnez pas, et vous ne serez pas condamnés. Pardonnez, et vous serez pardonnés. Donnez, et l'on vous donnera : c'est une mesure bien pleine, tassée, secouée, débordante, qui sera versée dans le pan de votre vêtement ; car la mesure dont vous vous servez pour les autres servira de mesure aussi pour vous. »

Homélie

Profession de foi *(p. 213)*

Suggestion de prière universelle

Le prêtre :

« Le Seigneur est tendresse et pitié, lent à la colère et plein d'amour. » Avec assurance, adressons notre prière à Dieu notre Père, il veille sur tous les habitants du monde.

℟ ***Dieu de toute grâce, viens à notre secours.***

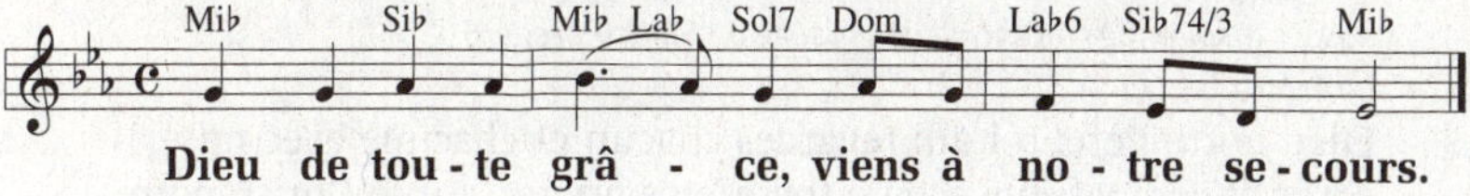

Bayard Liturgie; T. : D. Lang; M. : G. Notebaert.

Le diacre ou un lecteur :

Pour l'Église, appelée à transmettre au monde la bonne nouvelle de la miséricorde du Seigneur. Pour les chrétiens persécutés alors qu'ils sont témoins de la paix et de la compassion de Dieu, prions le Seigneur. ℟

Pour nos responsables politiques, appelés à endiguer les spirales de haine et de vengeance. Pour les victimes de la dictature et d'abus d'autorité de la part de leurs dirigeants, prions le Seigneur. ℟

Pour les personnes victimes de la haine, de l'injustice, du rejet, de l'incompréhension, de l'indifférence. Pour les associations à l'écoute des personnes blessées et meurtries, prions le Seigneur. ℟

Pour notre assemblée réunie, appelée à témoigner à temps et à contretemps de la compassion du Seigneur. Pour nos familles marquées par les divisions et les difficultés à pardonner, prions le Seigneur. ℟

(Ces intentions seront adaptées ou modifiées selon les circonstances. On peut aussi s'inspirer de l'intention universelle du Saint-Père, p. 6.)

Le prêtre :

Dieu notre Père, toi qui regardes chacun et chacune avec miséricorde et compassion, écoute toutes nos prières, par le Christ, notre Seigneur. — ***Amen.***

LITURGIE EUCHARISTIQUE

Prière sur les offrandes

En célébrant tes mystères, Seigneur, pour te servir comme il convient, nous te supplions humblement : que les dons offerts pour honorer ta gloire nous fassent progresser vers le salut. Par le Christ, notre Seigneur. — ***Amen.***

Prière eucharistique *(Préface des dimanches, p. 216)*

Chant de communion *(Suggestions p. 239)*

OU

Antienne de la communion

De tout mon cœur, Seigneur, je rendrai grâce,
je dirai tes innombrables merveilles ;
pour toi, j'exulterai, je danserai, je fêterai ton nom,
Dieu Très-Haut.
(Ps 9, 2-3)

OU

Seigneur, je le crois : tu es le Christ, le Fils du Dieu vivant,
celui qui vient dans le monde.
(Jn 11, 27)

Prière après la communion

Nous t'en prions, Dieu tout-puissant : donne-nous de recueillir tous les fruits de salut dont ces mystères sont déjà la promesse et le gage. Par le Christ, notre Seigneur. — ***Amen.***

RITE DE CONCLUSION

Bénédiction

Envoi

COMMENTAIRE DU DIMANCHE

Karem Bustica, rédactrice en chef de *Prions en Église*

La part du ciel qui nous habite

Avec l'épisode du jeune David épargnant le roi Saül de la mort, la première lecture de ce dimanche illustre une image de Dieu en cours dans l'Ancien Testament : Dieu rend à chacun selon sa justice et sa fidélité et, tout aussi important, Dieu laisse à chacun le soin d'agir comme bon lui semble. David n'a pas toujours été exemplaire, loin de là. Il s'est volontairement éloigné de Dieu. Quant à Dieu, il continue de se révéler à tel point que le psalmiste, quelques siècles plus tard, peut affirmer : « Le Seigneur est tendresse et pitié, lent à la colère et plein d'amour ; il n'agit pas envers nous selon nos fautes, ne nous rend pas selon nos offenses. » Voilà qui change la donne. Avec le Christ, l'amour de Dieu s'est dit jusqu'à l'ultime, de sa naissance à sa résurrection en passant par la souffrance et par la mort.

Alors, comment conjuguer cette bonté sans faille de Dieu avec la liberté d'action qui est la nôtre ? Comment faire les bons choix, ceux des fils du Très-Haut ? Paul, dans la deuxième lecture, nous rappelle à notre existence spirituelle, celle que nous tenons du Christ. Comme Adam, nous sommes faits d'argile. Comme le Christ, nous appartenons au ciel. Inutile d'attendre de faire le bien sans soigner la part de ciel qui nous habite, celle qui nous relie aux autres, nous permet de nous relever lorsque nous tombons et de croire que demain, avec l'amour de Dieu, nous ferons mieux. Dans sa toute dernière encyclique *Dilexit nos,* le pape François se demande s'il y a encore un sens aujourd'hui à utiliser le symbole du cœur pour parler de l'amour de Dieu envers chacun d'entre nous. La réponse nous appartient.

Qu'est-ce qui m'interpelle dans les recommandations que Jésus adresse à ses disciples ?

Qui est Dieu pour moi ? ■

DIMANCHE 23 FÉVRIER 2025

LIRE L'ÉVANGILE AVEC LES ENFANTS

CE QUE JE DÉCOUVRE

« Aimez vos ennemis ! » Ce que Jésus demande est difficile. Et il insiste : **il ne suffit pas d'aimer seulement ceux qui nous aiment !** Ne pas juger, aimer et pardonner, comme Dieu le fait avec nous : voilà un appel de Jésus qui est exigeant ! **Dieu nous invite à nous aimer les uns les autres comme il nous a aimés.** Et si nous essayions pour de vrai ?

CE QUE JE VIS

Que peux-tu faire pour montrer à Dieu que tu l'aimes et que tu l'écoutes ? Comment aimer encore plus tes amis, mais aussi tes ennemis ? **Demande à Jésus de te donner la force d'aller parler à cette personne avec qui tu t'es disputé. Demande-lui de t'aider à pardonner.**

Texte : Benoît Gschwind. Illustrations : Marcelino Truong

MÉDITATION BIBLIQUE

7E DIMANCHE DU TEMPS ORDINAIRE

Évangile selon saint Luc 6, 27-38

Les yeux de la miséricorde

Dans l'évangile de ce jour, Jésus invite ses disciples à porter sur le monde un regard de miséricorde, un exercice spirituel dont les bénéfices sont sans limite.

Le temps de la préparation

« Le Seigneur est tendresse et pitié, lent à la colère et plein d'amour ; il n'agit pas envers nous selon nos fautes, ne nous rend pas selon nos offenses. » (Ps 102, 8.10)

Le temps de l'observation

L'enseignement de Jésus a de quoi surprendre, déranger ou faire sourire. Son exigence peut sembler démesurée. Quand on le regarde de près, on s'aperçoit que son discours ne porte pas sur la justice. Jésus ne demande pas à ses disciples de renoncer à dénoncer les abus et les actes malveillants. Il ne demande pas de supprimer les tribunaux et leurs verdicts qui permettent de chercher une compensation au mal subi. Ses propos se situent à un autre niveau puisqu'ils concernent le cœur de ses disciples, le regard qu'ils portent sur le monde. De façon claire, il leur demande de ne pas poser de jugement extérieur et …

... moral sur les personnes. Si chaque être humain doit répondre de ses actes, ce n'est pas aux disciples du Christ de se laisser aller à définir une vie. Cette tentation, si facile et si répandue, est à éviter car elle ne permet pas de comprendre le regard de Dieu sur le monde et, en plus, elle empêche de s'ouvrir vers le futur.

Le temps de la méditation

Comment les disciples de Jésus peuvent-ils prétendre cheminer dans leur vie spirituelle s'ils n'abandonnent pas une vision mondaine de l'existence ? Jésus est clair : vivre l'Évangile relève d'une pratique qui doit porter du fruit. Jésus souligne que les jugements, qui sont pourtant souvent au cœur de nos relations, ont un caractère partiel et provisoire. Ils sont marqués par ce que la personne nous a fait ou par ce que nous savons d'elle. C'est trop peu ! La miséricorde est un appel à ne pas tomber dans le piège de croire que nos jugements sur les autres sont infaillibles, un appel à ne pas prendre une place que Dieu lui-même n'occupe pas. Une fois l'acte dénoncé et condamné, la miséricorde est un moyen de se reconnecter à la vie. Elle permet de laisser le passé et d'apprendre à faire confiance à un avenir qui n'est pas écrit. Elle apprend à être attentif aux signes de la vie qui renaît.

Le temps de la prière

« Bénis le Seigneur, ô mon âme,
n'oublie aucun de ses bienfaits !
Car il pardonne toutes
tes offenses et te guérit de toute
maladie ; il réclame ta vie à
la tombe et te couronne d'amour
et de tendresse. » (Ps 102, 2-4) ■

Marie-Laure Durand, bibliste

LE SAINT DU MOIS

24 FÉVRIER : BIENHEUREUX THOMAS-MARIE FUSCO (1831-1891)

À la lueur de la Croix

La mort et la foi ont marqué de façon indélébile la jeunesse de l'Italien Thomas-Marie (Tommaso Maria) Fusco. Déjà orphelin à 10 ans, le jeune garçon eut la douleur supplémentaire de perdre, six ans plus tard, l'oncle prêtre qui l'avait recueilli et instruit puis, peu après, l'un de ses frères préférés. Éprouvé par ces deuils successifs, Thomas-Marie se tourna résolument vers le Christ crucifié et vers Marie, Mère des Douleurs. Lui qui, dès son enfance, avait songé à la prêtrise entra au séminaire de Nocera (au sud-est de Naples) et reçut le sacerdoce en 1855, à 24 ans. Dès lors, il se montra sensible et attentif à toutes les misères, déployant une activité apostolique intense,•••

© Gaëtan Évrard

••• principalement dans sa ville natale de Pagani : école pour les enfants pauvres, cours pour préparer les prêtres au ministère de la confession, association pour les laïcs… En 1873, il fonda une congrégation de religieuses (dédiées à l'origine aux jeunes filles abandonnées) qu'il nomma « les Filles de la Charité du Très Précieux Sang ». Thomas-Marie Fusco rappelait en effet que le sang versé par Jésus sur la Croix est « la manifestation suprême de l'amour du Père » pour l'humanité. Parallèlement à ses fondations, le père Fusco fut chapelain d'un sanctuaire marial, puis curé de paroisse. Il trouva également le temps d'écrire des ouvrages de théologie morale, inspirés par ceux de l'un de ses modèles, saint Alphonse de Liguori (1696-1787), qui avait vécu les douze dernières années de sa vie à Pagani. À la fin de son existence, le mystère de la Croix et de la souffrance, sur lequel il avait tant de fois médité, revint le toucher personnellement : il eut à subir une campagne de calomnies lancée par un prêtre jaloux de la réussite de ses entreprises. Thomas-Marie Fusco rejoignit la maison du Père en 1891, avec l'espérance vibrante d'y retrouver ses proches disparus prématurément. Il a été béatifié en 2001. ■

Xavier Lecœur, journaliste et historien

UN SAINT POUR AUJOURD'HUI

« Que Dieu soit votre consolation sur la terre et votre récompense dans le ciel » : voilà ce que disait le père Thomas-Marie Fusco à tous les affligés qu'il rencontrait. Des mots puissants qui, évidemment, nous rejoignent encore maintenant, dans nos doutes et dans nos détresses.

LUNDI 24 FÉVRIER 2025

7E SEMAINE DU TEMPS ORDINAIRE COULEUR LITURGIQUE : VERT

Temps ordinaire, *suggestion d'oraisons et d'antiennes n° 26*

Antienne d'ouverture

Tout ce que tu nous as infligé, Seigneur,
tu l'as fait par un jugement de vérité,
car nous avons péché contre toi,
nous n'avons pas obéi à tes commandements ;
mais glorifie ton nom, et agis envers nous selon l'abondance
de ta miséricorde. (cf. Dn 3, 31.29.30.43.42)

Prière

Seigneur Dieu, quand tu pardonnes et prends pitié, tu manifestes au plus haut point ta toute-puissance ; multiplie pour nous les dons de ta grâce : alors, en nous hâtant vers les biens que tu promets, nous aurons part au bonheur du ciel. Par Jésus… ***— Amen.***

Lecture

du livre de Ben Sira le Sage (1, 1-10)

« Avant toute chose fut créée la sagesse »

Toute sagesse vient du Seigneur, et demeure auprès de lui pour toujours. Le sable des mers, les gouttes de la pluie, et les jours de l'éternité, qui pourra en faire le compte ? La hauteur du ciel, l'étendue de la terre,

la profondeur de l'abîme, qui pourra les évaluer ? Avant toute chose fut créée la sagesse ; et depuis toujours, la profondeur de l'intelligence. La source de la sagesse, c'est la parole de Dieu au plus haut des cieux. Ses chemins sont les commandements éternels. La racine de la sagesse, qui en a eu la révélation, et ses subtilités, qui en a eu la connaissance ? La science de la sagesse, à qui fut-elle manifestée, et qui a profité de sa grande expérience ?
Il n'y a qu'un seul être sage et très redoutable, celui qui siège sur son trône. C'est le Seigneur, lui qui a créé la sagesse ; il l'a vue et mesurée, il l'a répandue sur toutes ses œuvres, parmi tous les vivants, dans la diversité de ses dons, et ceux qui aiment Dieu en ont été comblés.
– Parole du Seigneur.

Psaume 92 (93)

℟ ***Le Seigneur est roi ; il s'est vêtu de magnificence.***

Le Seigneur est roi ;
il s'est vêtu de magnificence,
le Seigneur a revêtu sa force. ℟

Et la terre tient bon, inébranlable ;
dès l'origine ton trône tient bon,
depuis toujours, tu es. ℟

Tes volontés sont vraiment immuables :
la sainteté emplit ta maison,
Seigneur, pour la suite des temps. ℟

Acclamation de l'Évangile

Alléluia. Alléluia. Notre Sauveur, le Christ Jésus, a détruit la mort ; il a fait resplendir la vie par l'Évangile. ***Alléluia.***

Évangile de Jésus Christ

selon saint Marc (9, 14-29)

« Je crois ! Viens au secours de mon manque de foi ! »

En ce temps-là, Jésus, ainsi que Pierre, Jacques et Jean, descendirent de la montagne ; en rejoignant les autres disciples, ils virent une grande foule qui les entourait, et des scribes qui discutaient avec eux. Aussitôt qu'elle vit Jésus, toute la foule fut stupéfaite, et les gens accouraient pour le saluer. Il leur demanda : « De quoi discutez-vous avec eux ? » Quelqu'un dans la foule lui répondit : « Maître, je t'ai amené mon fils, il est possédé par un esprit qui le rend muet ; cet esprit s'empare de lui n'importe où, il le jette par terre, l'enfant écume, grince des dents et devient tout raide. J'ai demandé à tes disciples d'expulser cet esprit, mais ils n'en ont pas été capables. » Prenant la parole, Jésus leur dit : « Génération incroyante, combien de temps resterai-je auprès de vous ? Combien de temps devrai-je vous supporter ? Amenez-le-moi. » On le lui amena. Dès qu'il vit Jésus, l'esprit fit entrer l'enfant en convulsions ; l'enfant tomba et se roulait par terre en écumant. Jésus interrogea le père : « Depuis combien de temps cela lui arrive-t-il ? » Il répondit : « Depuis sa petite enfance. Et souvent il l'a même jeté dans le feu ou dans l'eau pour le faire périr. Mais si tu peux quelque chose, viens à

notre secours, par compassion envers nous ! » Jésus lui déclara : « Pourquoi dire : “Si tu peux”… ? Tout est possible pour celui qui croit. » Aussitôt le père de l'enfant s'écria : « Je crois ! Viens au secours de mon manque de foi ! » Jésus vit que la foule s'attroupait ; il menaça l'esprit impur, en lui disant : « Esprit qui rends muet et sourd, je te l'ordonne, sors de cet enfant et n'y rentre plus jamais ! » Ayant poussé des cris et provoqué des convulsions, l'esprit sortit. L'enfant devint comme un cadavre, de sorte que tout le monde disait : « Il est mort. » Mais Jésus, lui saisissant la main, le releva, et il se mit debout. Quand Jésus fut rentré à la maison, ses disciples l'interrogèrent en particulier : « Pourquoi est-ce que nous, nous n'avons pas réussi à l'expulser ? » Jésus leur répondit : « Cette espèce-là, rien ne peut la faire sortir, sauf la prière. »

Prière sur les offrandes

Dieu de miséricorde, nous t'en prions, accueille cette offrande que nous te présentons : qu'elle ouvre largement pour nous la source de toute bénédiction. Par le Christ, notre Seigneur. — ***Amen.***

Antienne de la communion

Rappelle-toi ta parole à ton serviteur,
Seigneur, celle dont tu fis mon espoir.
Elle est ma consolation
dans mon épreuve.
(Ps 118, 49-50)

OU

Voici comment nous avons reconnu l'amour : lui, Jésus, a donné sa vie pour nous. Nous aussi, nous devons donner notre vie pour nos frères.
(1 Jn 3, 16)

Prière après la communion
Que le sacrement du ciel, Seigneur, guérisse nos esprits et nos corps, afin qu'annonçant la mort du Christ et participant à ses souffrances, nous héritions avec lui de sa gloire. Lui qui…
— *Amen.*

INVITATION

Je prie pour les jeunes autour de moi. Qu'ils trouvent sur leur chemin de vie des adultes sages et bienveillants pour les accompagner.

COMMENTAIRE

Totale confiance Marc 9, 14-29

« Je crois ! Viens au secours de mon manque de foi ! » Cette supplication du père d'un enfant malade témoigne d'une foi humble. Elle met en lumière la fragilité de notre condition humaine. Cette fragilité n'est pas sans issue. On peut implorer Dieu. Dans ce cri du cœur, la confiance s'exprime sans réserve ni condition. Elle est, malgré nos doutes et nos défauts, une confiance totale dans le Seigneur. ■

***Jean-Paul Musangania**, prêtre assomptionniste*

MARDI 25 FÉVRIER 2025

7[E] SEMAINE DU TEMPS ORDINAIRE COULEUR LITURGIQUE : VERT

Temps ordinaire, *suggestion d'oraisons et d'antiennes n° 27*

Antienne d'ouverture

Seigneur, tout est soumis à ta volonté,
personne ne peut s'opposer à toi,
car c'est toi qui as fait le ciel et la terre
et toutes les merveilles qui sont sous le ciel.
Tu es le Seigneur de l'univers. (Est 4, 17)

Prière

Dieu éternel et tout-puissant, dans ta tendresse inépuisable, tu combles ceux qui t'implorent, bien au-delà de leurs mérites et de leurs désirs ; répands sur nous ta miséricorde en délivrant notre conscience de ce qui l'inquiète et en donnant plus que nous n'osons demander. Par Jésus… ***— Amen.***

Lecture

du livre de Ben Sira le Sage (2, 1-11)

« Prépare-toi à subir l'épreuve »

Mon fils, si tu viens te mettre au service du Seigneur, prépare-toi à subir l'épreuve ; fais-toi un cœur droit, et tiens bon ; ne t'agite pas à l'heure de l'adversité. Attache-toi au Seigneur, ne l'abandonne pas, afin d'être comblé dans tes derniers jours. Toutes les adversités, accepte-les ;

dans les revers de ta pauvre vie, sois patient ; car l'or est vérifié par le feu, et les hommes agréables à Dieu, par le creuset de l'humiliation. Dans les maladies comme dans le dénuement, aie foi en lui. Mets ta confiance en lui*, et il te viendra en aide ; rends tes chemins droits, et mets en lui ton espérance. Vous qui craignez le Seigneur, comptez sur sa miséricorde, ne vous écartez pas du chemin, de peur de tomber. Vous qui craignez le Seigneur, ayez confiance en lui, et votre récompense ne saurait vous échapper. Vous qui craignez le Seigneur, espérez le bonheur, la joie éternelle et la miséricorde : ce qu'il donne en retour est un don éternel, pour la joie. Considérez les générations passées et voyez : Celui qui a mis sa confiance dans le Seigneur, a-t-il été déçu ? Celui qui a persévéré dans la crainte du Seigneur, a-t-il été abandonné ? Celui qui l'a invoqué, a-t-il été méprisé ? Car le Seigneur est tendre et miséricordieux, il pardonne les péchés, et il sauve au moment de la détresse. – Parole du Seigneur.

Psaume 36 (37)

℟ ***Dirige ton chemin vers le Seigneur, fais-lui confiance, et lui, il agira.***

Fais confiance au Seigneur, agis bien,
habite la terre et reste fidèle ;
mets ta joie dans le Seigneur :
il comblera les désirs de ton cœur. ℟

Il connaît les jours de l'homme intègre
qui recevra un héritage impérissable.
Pas de honte pour lui aux mauvais jours ;
aux temps de famine, il sera rassasié. ℟

Évite le mal, fais ce qui est bien,
et tu auras une habitation pour toujours,
car le Seigneur aime le bon droit,
il n'abandonne pas ses amis. ℟

Le Seigneur est le salut pour les justes,
leur abri au temps de la détresse.
Le Seigneur les aide et les délivre,
car ils cherchent en lui leur refuge. ℟

Acclamation de l'Évangile

Alléluia. Alléluia. Que la croix du Seigneur soit ma seule fierté ! Par elle, le monde est crucifié pour moi, et moi pour le monde. ***Alléluia.***

Évangile de Jésus Christ

selon saint Marc (9, 30-37)

« Le Fils de l'homme est livré.
Si quelqu'un veut être le premier, qu'il soit le dernier de tous »

En ce temps-là, Jésus traversait la Galilée avec ses disciples, et il ne voulait pas qu'on le sache, car il enseignait ses disciples en leur disant : « Le Fils de l'homme est livré aux mains des hommes ; ils le tueront et, trois jours après sa mort, il ressuscitera. » Mais les disciples ne comprenaient pas ces paroles et ils avaient peur de l'interroger. Ils arrivèrent à Capharnaüm, et, une fois à la maison, Jésus leur demanda : « De quoi discutiez-vous en chemin ? » Ils se taisaient, car, en chemin, ils avaient discuté entre eux pour savoir qui était le plus grand. S'étant assis, Jésus appela les Douze et leur dit : « Si quelqu'un veut être le premier, qu'il soit le dernier de tous et le serviteur de tous. » Prenant alors un enfant, il le plaça au milieu d'eux, l'embrassa, et leur dit : « Quiconque accueille en mon nom un enfant comme celui-ci, c'est moi qu'il accueille. Et celui qui m'accueille, ce n'est pas moi qu'il accueille, mais Celui qui m'a envoyé. »

Prière sur les offrandes

Accueille, Seigneur, nous t'en prions, le sacrifice que tu as toi-même institué : dans les saints mystères que nous célébrons pour te servir comme il convient, sanctifie-nous pleinement par ton œuvre de rédemption. Par le Christ, notre Seigneur. — ***Amen.***

Antienne de la communion

Le Seigneur est bon
pour qui se tourne vers lui,
pour l'âme qui le cherche. (Lm 3, 25)

OU

Il y a un seul pain, et la multitude
que nous sommes est un seul corps,
car nous avons tous part à un seul
pain et à une seule coupe.
(cf. 1 Co 10, 17)

Prière après la communion

Dieu tout-puissant, nous t'en prions : par la communion à ce sacrement, comble notre soif et notre faim de toi ; afin que nous puissions devenir ce que nous avons reçu. Par le Christ, notre Seigneur. — ***Amen.***

INVITATION

Personne sans-domicile, en situation de précarité ou de fragilité... j'accorde de mon temps à ceux que notre société considère comme petits.

MARDI 25 FÉVRIER 2025

COMMENTAIRE

La grandeur du dernier

Marc 9, 30-37

L'enseignement de Jésus interpelle : il place le service au-dessus de la quête du pouvoir. Pour Jésus, la véritable grandeur se trouve dans l'humilité, dans le fait de se faire « le dernier » en se mettant au service des autres, en particulier des plus vulnérables. Ce service, symbolisé par le sacrifice de la Croix, invite à reconnaître en chaque personne une manifestation vivante de la présence divine. ■

***Jean-Paul Musangania**, prêtre assomptionniste*

❊ CLÉ DE LECTURE

« Mets ta confiance en lui »

Ben Sira 2, 6 *(p. 191)*

Foi et espérance, confiance indéfectible en l'amour bienveillant de Dieu ! Est-ce utopique ? Mais le sage qui pose ici les fondements de l'attitude croyante est loin d'être naïf. Il a trop vécu pour ne pas connaître les difficultés, les souffrances et les malheurs auxquels chacun est affronté un jour ou l'autre. L'assurance en un avenir restauré qu'il déploie est-elle alors une consolation facile et illusoire ? Oui, si nous en attendons la réalisation proche ou lointaine comme nous le souhaitons. Mais si dans ces promesses, nous entendons que le Seigneur n'abandonne jamais ses amis, alors l'exhortation elle-même devient parole : l'appui qui permet d'avancer et de trouver une lumière dans l'obscurité, de reconnaître que nous ne sommes jamais seuls. ■

***Roselyne Dupont-Roc**, bibliste*

Temps ordinaire, *suggestion d'oraisons et d'antiennes n° 28*

Antienne d'ouverture

**Si tu retiens les fautes, Seigneur,
Seigneur, qui subsistera ?
Mais près de toi se trouve le pardon,
Dieu d'Israël.** (cf. Ps 129, 3-4)

Prière

Nous t'en prions, Seigneur, que ta grâce nous devance et qu'elle nous accompagne toujours, pour nous rendre attentifs à faire le bien sans relâche. Par Jésus… ***— Amen.***

Lecture

du livre de Ben Sira le Sage (4, 11-19)

« Ceux qui aiment la sagesse sont aimés du Seigneur »

La sagesse conduit ses fils à la grandeur, elle prend soin de ceux qui la cherchent. L'aimer, c'est aimer la vie ; ceux qui la cherchent dès l'aurore seront comblés de bonheur ; celui qui la possède obtiendra la gloire en héritage ; là où il entre, le Seigneur donne sa bénédiction. Ceux qui rendent un culte à la sagesse célèbrent le Dieu saint, ceux qui l'aiment sont aimés du Seigneur ; celui qui l'écoute jugera les nations, celui

qui s'attache à elle sera en sécurité dans sa demeure. S'il se confie en elle, il en prendra possession, et tous ses descendants la recevront en héritage. Pour commencer, elle le conduira par des chemins sinueux, elle fera venir sur lui la peur et l'appréhension, elle le tourmentera par la sévérité de son éducation, jusqu'à ce qu'elle puisse lui faire confiance ; elle l'éprouvera par ses exigences. Puis elle reviendra tout droit vers lui, elle le comblera de bonheur en lui dévoilant ses secrets. Mais s'il s'égare loin d'elle, elle l'abandonnera et le laissera aller à sa perte. – Parole du Seigneur.

Psaume 118 (119)

℞ ***Grande est la paix de qui aime ta loi, Seigneur.***

Grande est la paix de qui aime ta loi ;
jamais il ne trébuche.
J'observe tes exigences et tes préceptes :
toutes mes voies sont devant toi. ℞

Que chante sur mes lèvres ta louange,
car tu m'apprends tes commandements.
Que ma langue redise tes promesses,
car tout est justice en tes volontés. ℞

J'ai le désir de ton salut, Seigneur :
ta loi fait mon plaisir.
Que je vive et que mon âme te loue !
Tes décisions me soient en aide ! ℞

Acclamation de l'Évangile

Alléluia. Alléluia. Moi, je suis le Chemin, la Vérité et la Vie, dit le Seigneur. Personne ne va vers le Père sans passer par moi. ***Alléluia.***

Évangile de Jésus Christ

selon saint Marc (9, 38-40)

« Celui qui n'est pas contre nous est pour nous »

En ce temps-là, Jean, l'un des Douze, disait à Jésus : « Maître, nous avons vu quelqu'un expulser les démons en ton nom ; nous l'en avons empêché, car il n'est pas de ceux qui nous suivent. » Jésus répondit : « Ne l'en empêchez pas, car celui qui fait un miracle en mon nom ne peut pas, aussitôt après, mal parler de moi ; celui qui n'est pas contre nous est pour nous. »

Prière sur les offrandes

Avec l'offrande de ce sacrifice, accueille, Seigneur, les prières de tes fidèles ; que cette liturgie célébrée avec ferveur nous fasse parvenir à la gloire du ciel. Par le Christ, notre Seigneur. – ***Amen.***

Antienne de la communion

Des riches ont tout perdu,
ils ont faim ; qui cherche le Seigneur
ne manquera d'aucun bien.
(Ps 33, 11)

OU

Quand le Seigneur sera manifesté,
nous lui serons semblables
car nous le verrons tel qu'il est.
(cf. 1 Jn 3, 2)

Prière après la communion

Seigneur, Dieu de majesté, nous t'en supplions humblement : puisque tu nous as nourris du corps et du sang très saints, rends-nous participants de la nature divine. Par le Christ, notre Seigneur. ***— Amen.***

INVITATION

Le Carême commence mercredi prochain. Je peux déjà prendre connaissance du message que nous adresse le pape à cette occasion sur le site internet du Vatican.

COMMENTAIRE

Du jugement au discernement Marc 9, 38-40

Jésus invite ses disciples à passer du jugement au discernement. Il les encourage à reconnaître l'œuvre de Dieu, même au-delà des limites de leur propre communauté. Ne rejetons pas quelqu'un simplement parce qu'il ne correspond pas à nos attentes ou qu'il nous dérange. Le Christ nous le montre, Dieu appelle des personnes imparfaites et limitées qui, peu à peu, par la grâce, grandissent dans la foi. ■

Jean-Paul Musangania, *prêtre assomptionniste*

JEUDI 27 FÉVRIER 2025

7E SEMAINE DU TEMPS ORDINAIRE COULEUR LITURGIQUE : VERT

Temps ordinaire, *suggestion d'oraisons et d'antiennes n° 29*
ou **saint Grégoire de Narek,** *voir p. 204*

Antienne d'ouverture

Je t'appelle, toi, le Dieu qui répond :
écoute-moi, entends ce que je dis.
Garde-moi comme la prunelle de l'œil ;
à l'ombre de tes ailes, cache-moi.
(Ps 16, 6.8)

Prière

Dieu éternel et tout-puissant, fais-nous toujours agir pour toi d'une volonté ardente, et servir ta gloire d'un cœur sans partage. Par Jésus… ***— Amen.***

Lecture

du livre de Ben Sira le Sage (5, 1-8)

« Ne tarde pas à te retourner vers le Seigneur »

Ne t'appuie pas sur tes richesses, ne dis pas : « Elles me suffisent. » Ne te laisse pas entraîner par ton instinct et ta force à suivre les désirs de ton cœur. Ne dis pas : « Qui m'en imposera ? », car le Seigneur ne manquerait pas de te châtier. Ne dis pas : « J'ai péché, et rien ne m'est arrivé », car le Seigneur sait attendre longtemps. Ne sois pas assuré du pardon au point d'entasser péché sur péché. Ne dis pas : « Sa miséricorde est

grande, il pardonnera bien tous mes péchés », car, en lui, il y a pitié mais aussi colère ; son indignation s'abattra sur les pécheurs. Ne tarde pas à te retourner vers le Seigneur, ne remets pas ta décision de jour en jour ; car brusquement éclatera la colère du Seigneur, et à l'heure du châtiment, tu seras anéanti. Ne t'appuie pas sur des richesses injustement acquises : elles ne te serviront de rien au jour de l'adversité. – Parole du Seigneur.

Psaume 1

℟ ***Heureux est l'homme qui met sa foi dans le Seigneur.***

Heureux est l'homme qui n'entre pas
au cons<u>e</u>il des méchants,
qui ne suit pas le chem<u>i</u>n des pécheurs,
ne siège pas avec ce<u>u</u>x qui ricanent,
mais se plaît dans la l<u>o</u>i du Seigneur
et murmure sa l<u>o</u>i jour et nuit ! ℟

Il est comme un arbre plant<u>é</u>
près d'un ruisseau,
qui donne du fru<u>i</u>t en son temps,
et jamais son feuill<u>a</u>ge ne meurt ;
tout ce qu'il entrepr<u>e</u>nd réussira.
Tel n'est pas le s<u>o</u>rt des méchants. ℟

Mais ils sont comme la paille
balay<u>é</u>e par le vent.
Le Seigneur connaît le chem<u>i</u>n des justes,
mais le chemin des méch<u>a</u>nts se perdra. ℟

Acclamation de l'Évangile

Alléluia. Alléluia. Accueillez la parole de Dieu pour ce qu'elle est réellement : non pas une parole d'hommes, mais la parole de Dieu. ***Alléluia.***

Évangile de Jésus Christ

selon saint Marc (9, 41-50)

« Mieux vaut pour toi entrer manchot dans la vie éternelle que de t'en aller dans la géhenne avec tes deux mains »

En ce temps-là, Jésus disait à ses disciples : « Celui qui vous donnera un verre d'eau au nom de votre appartenance au Christ, amen, je vous le dis, il ne restera pas sans récompense. Celui qui est un scandale, une occasion de chute, pour un seul de ces petits qui croient en moi, mieux vaudrait pour lui qu'on lui attache au cou une de ces meules que tournent les ânes, et qu'on le jette à la mer. Et si ta main est pour toi une occasion de chute, coupe-la*. Mieux vaut pour toi entrer manchot dans la vie éternelle que de t'en aller dans la géhenne avec tes deux mains, là où le feu ne s'éteint pas. Si ton pied est pour toi une occasion de chute, coupe-le. Mieux vaut pour toi entrer estropié dans la vie éternelle que de t'en aller dans la géhenne avec tes deux pieds. Si ton œil est pour toi une occasion de chute, arrache-le. Mieux vaut pour toi entrer borgne dans le royaume de Dieu que de t'en aller dans la géhenne avec tes deux yeux, là où le ver ne meurt pas et où le feu ne s'éteint pas. Chacun sera salé au feu. C'est une bonne chose que le sel ; mais s'il cesse d'être du sel, avec quoi allez-vous lui rendre de la saveur ? Ayez du sel en vous-mêmes, et vivez en paix entre vous. »

Prière sur les offrandes
Accorde-nous, Seigneur, nous t'en prions, de te servir d'un cœur libre en te présentant ces dons ; puissions-nous, par un effet de ta grâce, être purifiés par ces mystères que nous célébrons. Par le Christ, notre Seigneur. – ***Amen.***

Antienne de la communion
Le Seigneur veille sur ceux
qui le craignent, qui mettent
leur espoir en sa miséricorde,
pour délivrer leur âme de la mort,
les nourrir aux jours de famine.
(cf. Ps 32, 18-19)
OU
Le Fils de l'homme est venu
pour donner sa vie en rançon
pour la multitude.
(cf. Mc 10, 45)

Prière après la communion
Accorde-nous, Seigneur, nous t'en prions, de progresser en participant aux réalités du ciel ; ainsi, nous serons soutenus par tes bienfaits en ce temps et façonnés par ceux de l'éternité. Par le Christ, notre Seigneur. – ***Amen.***

INVITATION
Aujourd'hui, je peux prier avec les mots de Grégoire de Narek :
« Ô Dieu bienfaisant, tu es vivant et donnes la vie à tous ! [...]
Si nous tombons dans le péché, tu nous guéris et nous purifies. » Amen.

COMMENTAIRE

La paix, source de joie

Marc 9, 41-50

« Vivez en paix entre vous », nous exhorte Jésus. La paix est le fruit d'un engagement constant, qui passe par la reconnaissance de nos torts et la recherche de la réconciliation. Cette expérience, une fois vécue, se transforme en une source de joie, que nous pouvons partager autour de nous. Ma rencontre avec les autres est-elle une occasion de construire cette paix à laquelle Jésus nous appelle ? ■

***Jean-Paul Musangania**, prêtre assomptionniste*

✻ CLÉ DE LECTURE

« Coupe-la »

Marc 9, 43 *(p. 201)*

Jésus exagère, tous en conviendront. Les images sont faites pour frapper l'imagination, forcer à réfléchir. Se couper un membre pour ne pas perdre l'autre, homme ou femme que nous côtoyons. L'autre comme membre hésitant ou craintif du réseau que représente la foi partagée, l'autre comme marginalisé dans le groupe d'amitié, l'autre comme membre honteux d'une humanité commune. Jésus dénonce sans concession tout ce qui détruit « le faible », tout ce qui peut « scandaliser », c'est-à-dire faire tomber, car le scandale, c'est la petite pierre qui fait chuter sur le chemin, au risque de se casser un membre. Il condamne tout ce qui peut abîmer l'autre, l'avilir, l'entraîner à perdre la confiance en lui-même, en la vie, et donc la foi au Dieu qui la donne. ■

***Roselyne Dupont-Roc**, bibliste*

Saint Grégoire de Narek

Couleur liturgique : blanc

Vers 950-vers 1005. Né près du lac de Van (aujourd'hui en Turquie), ce moine arménien est célèbre pour ses écrits de poésie mystique chrétienne. Proclamé docteur de l'Église en 2015.

Antienne d'ouverture

Les lèvres du juste méditent la sagesse
et sa bouche énonce le droit.
La loi de son Dieu est dans son cœur.
(Ps 36, 30-31)

Prière

Dieu éternel et tout-puissant, tu as donné à saint Grégoire, maître de doctrine et honneur du peuple arménien, la grâce d'enseigner la vie mystique ; accorde-nous d'apprendre à son école l'art de parler avec toi et d'éclairer sans cesse notre vie par les sacrements de l'Église. Par Jésus… — ***Amen.***

Prière sur les offrandes

Tandis que nous approchons de ton autel, Seigneur, donne-nous ce sentiment d'amour pour toi qui consumait saint Grégoire de Narek, abbé, afin que nous puissions t'offrir ce sacrifice, d'un cœur pur et brûlant de charité. Par le Christ, notre Seigneur. — ***Amen.***

Antienne de la communion

Voici le serviteur fidèle et avisé
que le maître a établi sur sa maison,
pour donner à chacun, en temps
voulu, sa part de blé. (cf. Lc 12, 42)

Prière après la communion

Par la puissance du sacrement que nous avons reçu, Seigneur, renouvelle nos cœurs, afin qu'à l'exemple de saint Grégoire de Narek, abbé, nous soyons tournés vers les réalités d'en haut, non pas vers celles de la terre, et méritions de paraître avec le Christ dans la gloire. Lui qui… — ***Amen.***

Temps ordinaire, *suggestion d'oraisons et d'antiennes n° 30*

Antienne d'ouverture

Joie pour les cœurs qui cherchent Dieu.
Cherchez le Seigneur, et vous serez affermis,
recherchez sans trêve sa face. (cf. Ps 104, 3-4)

Prière

Dieu éternel et tout-puissant, augmente en nous la foi, l'espérance et la charité ; et pour que nous puissions obtenir ce que tu promets, fais-nous aimer ce que tu commandes. Par Jésus… ***– Amen.***

Lecture

du livre de Ben Sira le Sage (6, 5-17)

« Un ami fidèle n'a pas de prix »

La parole agréable attire de nombreux amis, le langage aimable attire de nombreuses gentillesses. De bonnes relations, tu peux en avoir avec beaucoup de monde ; mais des conseillers ? n'en choisis qu'un seul entre mille ! Si tu veux acquérir un ami, acquiers-le en le mettant à l'épreuve ; n'aie pas trop vite confiance en lui. Il y a celui qui est ton ami quand cela lui convient, mais qui ne reste pas avec toi au jour de ta détresse. Il y a celui qui d'ami se transforme en ennemi, et

qui va divulguer, pour ta confusion, ce qui l'oppose à toi. Il y a celui qui est ton ami pour partager tes repas, mais qui ne reste pas avec toi au jour de ta détresse. Quand tout va bien pour toi, il est comme un autre toi-même et commande avec assurance à tes domestiques ; mais si tu deviens pauvre, il est contre toi, et il se cache pour t'éviter. Tes ennemis, tiens-les à distance ; avec tes amis, sois sur tes gardes. Un ami fidèle, c'est un refuge assuré, celui qui le trouve a trouvé un trésor. Un ami fidèle n'a pas de prix, sa valeur est inestimable. Un ami fidèle est un élixir de vie que découvriront ceux qui craignent le Seigneur. Celui qui craint le Seigneur choisit bien ses amis, car son compagnon lui ressemblera. – Parole du Seigneur.

Psaume 118 (119)

℟ ***Guide-moi, Seigneur, sur la voie de tes volontés.***

Toi, Seigneur, tu es béni :
apprends-moi tes commandements.
Je trouve en tes commandements mon plaisir,
je n'oublie pas ta parole. ℟

Ouvre mes yeux,
que je contemple les merveilles de ta loi.
Montre-moi la voie de tes préceptes,
que je médite sur tes merveilles. ℟

Montre-moi comment garder ta loi,
que je l'observe de tout cœur.
Guide-moi sur la voie de tes volontés,
là, je me plais. ℟

Acclamation de l'Évangile

Alléluia. Alléluia. Ta parole, Seigneur, est vérité ; dans cette vérité, sanctifie-nous. ***Alléluia.***

Évangile de Jésus Christ

selon saint Marc (10, 1-12)

« Ce que Dieu a uni, que personne ne le sépare ! »

En ce temps-là, Jésus arriva dans le territoire de la Judée, au-delà du Jourdain. De nouveau, des foules s'assemblèrent près de lui, et de nouveau, comme d'habitude, il les enseignait. Des pharisiens l'abordèrent et, pour le mettre à l'épreuve, ils lui demandaient : « Est-il permis à un mari de renvoyer sa femme ? » Jésus leur répondit : « Que vous a prescrit Moïse ? » Ils lui dirent : « Moïse a permis de renvoyer sa femme à condition d'établir un acte de répudiation. » Jésus répliqua : « C'est en raison de la dureté de vos cœurs* qu'il a formulé pour vous cette règle. Mais, au commencement de la création, Dieu les fit homme et femme. À cause de cela, l'homme quittera son père et sa mère, il s'attachera à sa femme, et tous deux deviendront une seule chair. Ainsi, ils ne sont plus deux, mais une seule chair. Donc, ce que Dieu a uni, que l'homme ne le sépare pas ! »
De retour à la maison, les disciples l'interrogeaient de nouveau sur cette question. Il leur déclara : « Celui qui renvoie sa femme et en épouse une autre devient adultère envers elle. Si une femme qui a renvoyé son mari en épouse un autre, elle devient adultère. »

Prière sur les offrandes

Regarde les présents que nous t'offrons, nous t'en prions, Seigneur, Dieu de majesté : permets que notre célébration soit d'abord tournée vers ta gloire. Par le Christ, notre Seigneur. **– *Amen.***

Antienne de la communion

Nous trouverons la joie en ton salut,
et la grandeur dans le nom
de notre Dieu.
(cf. Ps 19, 6)

OU

Le Christ nous a aimés et s'est livré
lui-même pour nous, s'offrant
en sacrifice à Dieu,
comme un parfum d'agréable odeur.
(Ep 5, 2)

Prière après la communion

Que tes sacrements, Seigneur, nous t'en prions, achèvent de produire en nous ce qu'ils contiennent ; puissions-nous saisir dans sa pleine vérité ce que notre célébration préfigure aujourd'hui. Par le Christ, notre Seigneur. **– *Amen.***

INVITATION

« Ce que Dieu a uni, que personne ne le sépare ! » Je rends grâce pour la fidélité des couples et je confie à Dieu ceux qui connaissent des difficultés.

COMMENTAIRE

Authenticité Marc 10, 1-12

Pour Jésus, la Loi ne se limite pas à être un simple instrument qui fustige la faiblesse humaine. Elle constitue d'abord un chemin vers une expérience tant morale que spirituelle. Les relations authentiques, qu'elles soient amicales ou conjugales, requièrent une véritable ouverture à l'autre. En restant fidèles à nos promesses et en honorant la dignité de chaque individu, nous grandissons en humanité. ■

***Jean-Paul Musangania**, prêtre assomptionniste*

✲ CLÉ DE LECTURE

« En raison de la dureté de votre cœur » Marc 10, 5 *(p. 207)*

L'exigence de Jésus est radicale. Il s'élève contre la facilité avec laquelle les Juifs de son temps jouaient de la Loi pour répudier leurs femmes. En monde gréco-romain, Marc sait la facilité pour les femmes aussi de demander un divorce avantageux. Dans cet arrangement de la Loi, Jésus voit une concession due à « l'endurcissement » des cœurs. Certes, la Loi tient compte avec raison de l'état de la société où elle a été reçue et de la fragilité des êtres humains incapables d'une fidélité durable. Mais Jésus n'impose pas de vivre une perfection illusoire. Il invite plutôt à accueillir, autant que nous le pouvons dans la singularité de nos vies, l'amour créateur de Dieu et son projet de bénédiction pour discerner au mieux ce qui libère et sauve. ■

***Roselyne Dupont-Roc**, bibliste*

Liturgie de la messe

RITES INITIAUX

Le chant d'entrée achevé, le prêtre et les fidèles, debout, font le signe de la croix, tandis que le prêtre, tourné vers le peuple, dit :

Au nom du Père, et du Fils, et du Saint-Esprit.

Le peuple répond :

— Amen.

Salutation

La grâce de Jésus, le Christ, notre Seigneur, l'amour de Dieu le Père, et la communion de l'Esprit Saint soient toujours avec vous.

— Et avec votre esprit.

Ou bien : Que la grâce et la paix de Dieu notre Père et du Seigneur Jésus, le Christ, soient toujours avec vous.

— Et avec votre esprit.

Ou bien : Le Seigneur soit avec vous.

— Et avec votre esprit.

Acte pénitentiel

Frères et sœurs, préparons-nous à célébrer le mystère de l'eucharistie, en reconnaissant que nous avons péché.

(1) Je confesse à Dieu tout-puissant, je reconnais devant vous, frères et sœurs, que j'ai péché en pensée, en parole, par action et par omission ; oui, j'ai vraiment péché. C'est pourquoi je supplie la bienheureuse Vierge Marie, les anges et tous les saints, et vous aussi, frères et sœurs, de prier pour moi le Seigneur notre Dieu.

(2) Prends pitié de nous, Seigneur. — ***Nous avons péché contre toi.***
Montre-nous, Seigneur, ta miséricorde. — ***Et donne-nous ton salut.***

(3) Seigneur Jésus, envoyé pour guérir les cœurs qui reviennent vers toi :
Seigneur, prends pitié. — ***Seigneur, prends pitié.***
Ô Christ, venu appeler les pécheurs : ô Christ, prends pitié.
— ***Ô Christ, prends pitié.***
Seigneur, qui sièges à la droite du Père où tu intercèdes pour nous :
Seigneur, prends pitié. — ***Seigneur, prends pitié.***

Que Dieu tout-puissant nous fasse miséricorde ; qu'il nous pardonne nos péchés et nous conduise à la vie éternelle. — ***Amen.***

Ensuite, on chante ou on dit le Kyrie eleison (Seigneur, prends pitié), à moins qu'il n'ait été déjà employé dans une formule de l'acte pénitentiel (c'est le cas de la précédente).

Kyrie, eleison. — ***Kyrie, eleison.***
Christe, eleison. — ***Christe, eleison.***
Kyrie, eleison. — ***Kyrie, eleison.***
ou bien : Seigneur, prends pitié. — ***Seigneur, prends pitié.***
Ô Christ, prends pitié. — ***Ô Christ, prends pitié.***
Seigneur, prends pitié. — ***Seigneur, prends pitié.***

Gloire à Dieu

Gloire à Dieu, au plus haut des cieux, et paix sur la terre aux hommes, qu'il aime. Nous te louons, nous te bénissons, nous t'adorons, nous te glorifions, nous te rendons grâce, pour ton immense gloire, Seigneur Dieu, Roi du ciel, Dieu le Père tout-puissant.
Seigneur, Fils unique, Jésus Christ, Seigneur Dieu,
Agneau de Dieu, le Fils du Père ;
toi qui enlèves les péchés du monde, prends pitié de nous ;
toi qui enlèves les péchés du monde, reçois notre prière ;
toi qui es assis à la droite du Père, prends pitié de nous.
Car toi seul es Saint, toi seul es Seigneur, toi seul es le Très-Haut :
Jésus Christ, avec le Saint-Esprit dans la gloire de Dieu le Père. Amen.

Gloria in excelsis Deo et in terra pax hominibus bonæ voluntatis. Laudamus te, benedicimus te, adoramus te, glorificamus te, gratias agimus tibi propter magnam gloriam tuam, Domine Deus, Rex cælestis, Deus Pater omnipotens. Domine Fili unigenite, Iesu Christe, Domine Deus, Agnus Dei, Filius Patris, qui tollis peccata mundi, miserere nobis; qui tollis peccata mundi, suscipe deprecationem nostram.
Qui sedes ad dexteram Patris, miserere nobis.
Quoniam tu solus Sanctus, tu solus Dominus, tu solus Altissimus,
Iesu Christe, cum Sancto Spiritu : in gloria Dei Patris. Amen.

Prière d'ouverture

Voir à la date du jour.

LITURGIE DE LA PAROLE

Voir à la date du jour.

Profession de foi

Symbole de Nicée-Constantinople

Je crois en un seul Dieu, le Père tout-puissant,
créateur du ciel et de la terre, de l'univers visible et invisible.
Je crois en un seul Seigneur, Jésus Christ, le Fils unique de Dieu,
né du Père avant tous les siècles : il est Dieu, né de Dieu,
lumière née de la lumière, vrai Dieu, né du vrai Dieu,
engendré, non pas créé, consubstantiel au Père, et par lui tout a été fait.
Pour nous les hommes, et pour notre salut, il descendit du ciel;
par l'Esprit Saint, il a pris chair de la Vierge Marie, et s'est fait homme.
Crucifié pour nous sous Ponce Pilate,
il souffrit sa passion et fut mis au tombeau.
Il ressuscita le troisième jour, conformément aux Écritures,
et il monta au ciel; il est assis à la droite du Père.
Il reviendra dans la gloire, pour juger les vivants et les morts;
et son règne n'aura pas de fin.
Je crois en l'Esprit Saint, qui est Seigneur et qui donne la vie;
il procède du Père et du Fils; avec le Père et le Fils,
il reçoit même adoration et même gloire; il a parlé par les prophètes.
Je crois en l'Église, une, sainte, catholique et apostolique.
Je reconnais un seul baptême pour le pardon des péchés.
J'attends la résurrection des morts, et la vie du monde à venir. Amen.

Credo in unum Deum, Patrem omnipotentem,
Factorem cœli et terræ, visibilium omnium et invisibilium.
Et in unum Dominum Iesum Christum, Filium Dei unigenitum,
et ex Patre natum ante omnia sæcula.
Deum de Deo, lumen de lumine, Deum verum de Deo vero, genitum,
non factum, consubstantialem Patri : per quem omnia facta sunt.
Qui propter nos homines et propter nostram salutem descendit de cælis.
Et incarnatus est de Spiritu Sancto ex Maria Virgine, et homo factus est.
Crucifixus etiam pro nobis sub Pontio Pilato ;
passus et sepultus est, et resurrexit tertia die, secundum Scripturas,
et ascendit in cælum, sedet ad dexteram Patris.
Et iterum venturus est cum gloria, iudicare vivos et mortuos,
cuius regni non erit finis.
Et in Spiritum Sanctum, Dominum et vivificantem :
qui ex Patre Filioque procedit.
Qui cum Patre et Filio simul adoratur et conglorificatur :
qui locutus est per prophetas.
Et unam, sanctam, catholicam et apostolicam Ecclesiam.
Confiteor unum baptisma in remissionem peccatorum.
Et exspecto resurrectionem mortuorum, et vitam venturi sæculi.
Amen.

Symbole des Apôtres

Je crois en Dieu, le Père tout-puissant, créateur du ciel et de la terre.
Et en Jésus Christ, son Fils unique, notre Seigneur,
qui a été conçu du Saint-Esprit, est né de la Vierge Marie,
a souffert sous Ponce Pilate, a été crucifié, est mort et a été enseveli,
est descendu aux enfers, le troisième jour est ressuscité des morts,
est monté aux cieux, est assis à la droite de Dieu le Père tout-puissant,
d'où il viendra juger les vivants et les morts.
Je crois en l'Esprit Saint, à la sainte Église catholique,
à la communion des saints, à la rémission des péchés,
à la résurrection de la chair, à la vie éternelle. Amen.

Prière universelle

LITURGIE EUCHARISTIQUE

Préparation des dons

Tu es béni, Seigneur, Dieu de l'univers : nous avons reçu de ta bonté le pain
que nous te présentons, fruit de la terre et du travail des hommes ;
il deviendra pour nous le pain de la vie. ***—Béni soit Dieu, maintenant et toujours !***

Comme cette eau se mêle au vin pour le sacrement de l'Alliance,
puissions-nous être unis à la divinité de celui qui a voulu prendre notre humanité.

Tu es béni, Seigneur, Dieu de l'univers : nous avons reçu de ta bonté le vin
que nous te présentons, fruit de la vigne et du travail des hommes ;
il deviendra pour nous le vin du Royaume éternel.
—Béni soit Dieu, maintenant et toujours !

Le cœur humble et contrit, nous te supplions, Seigneur, accueille-nous : que notre sacrifice, en ce jour, trouve grâce devant toi, Seigneur notre Dieu. Lave-moi de mes fautes, Seigneur, et purifie-moi de mon péché.

Prière sur les offrandes

Priez, frères et sœurs : que mon sacrifice, qui est aussi le vôtre, soit agréable à Dieu le Père tout-puissant.

— Que le Seigneur reçoive de vos mains ce sacrifice à la louange et à la gloire de son nom, pour notre bien et celui de toute l'Église.

Ou bien :

Prions ensemble, au moment d'offrir le sacrifice de toute l'Église.

— Pour la gloire de Dieu et le salut du monde.

Prière eucharistique

Le Seigneur soit avec vous. ***— Et avec votre esprit.***

Élevons notre cœur. ***— Nous le tournons vers le Seigneur.***

Rendons grâce au Seigneur notre Dieu. ***— Cela est juste et bon.***

Préfaces

3e préface des dimanches

Notre humanité sauvée par l'humanité du Christ

Vraiment, il est juste et bon, pour ta gloire et notre salut, de t'offrir notre action de grâce, toujours et en tout lieu, Seigneur, Père très saint, Dieu éternel et tout-puissant. Nous reconnaissons le signe de ton immense gloire, quand tu portes secours à la faiblesse humaine par ta puissance divine, mais plus encore quand ton Fils prend notre condition mortelle pour nous guérir de la mort : ainsi, tu fais de notre existence périssable un passage vers le salut, par le Christ, notre Seigneur. Par lui, les anges adorent ta majesté et se réjouissent en ta présence à jamais. À leur hymne de louange, laisse-nous joindre nos voix pour chanter et proclamer :

Saint ! Saint ! Saint...

4e préface des dimanches

L'histoire du salut

Vraiment, il est juste et bon, pour ta gloire et notre salut, de t'offrir notre action de grâce, toujours et en tout lieu, Seigneur, Père très saint, Dieu éternel et tout-puissant, par le Christ, notre Seigneur. Par sa naissance, il a renouvelé la condition humaine destinée à vieillir ; par sa passion, il a effacé nos fautes ; par sa résurrection d'entre les morts, il a donné accès à la vie éternelle ; et par son ascension auprès de toi, notre Père, il a ouvert les portes du ciel. C'est pourquoi, avec la multitude des anges et des saints, nous chantons l'hymne de ta gloire et sans fin nous proclamons :

Saint ! Saint ! Saint...

2e préface commune

Le salut par le Christ

Vraiment, il est juste et bon, pour ta gloire et notre salut, de t'offrir notre action de grâce, toujours et en tout lieu, Seigneur, Père très saint, Dieu éternel et tout-puissant. Dans ta bonté, tu as créé l'homme ; et, comme il avait mérité la condamnation, tu l'as racheté dans ta miséricorde, par le Christ, notre Seigneur. Par lui, les anges célèbrent ta grandeur, et les esprits bienheureux adorent ta gloire ; par lui s'inclinent devant toi les puissances d'en haut, et tressaillent d'une même allégresse les innombrables créatures des cieux. À leur hymne de louange, laisse-nous joindre nos voix pour chanter et proclamer :

Saint ! Saint ! Saint…

3e préface commune

Louange à Dieu pour la Création et la régénération de l'homme

Vraiment, il est juste et bon, pour ta gloire et notre salut, de t'offrir notre action de grâce, toujours et en tout lieu, Seigneur, Père très saint, Dieu éternel et tout-puissant. C'est par ton Fils bien-aimé que tu as formé le genre humain ; et c'est encore par lui que, dans ta grande bonté, tu le renouvelles. Voilà pourquoi toutes les créatures te servent, le peuple que tu as racheté célèbre ta louange, les saints te bénissent d'un seul cœur. Et déjà nous pouvons te louer avec tous les anges, et, dans la joie, nous ne cessons de proclamer :

Saint ! Saint ! Saint…

1re préface de la Vierge Marie

La maternité de la bienheureuse Vierge Marie

Vraiment, il est juste et bon, pour ta gloire et notre salut, de t'offrir notre action de grâce, toujours et en tout lieu, Seigneur, Père très saint, Dieu éternel et tout-puissant. En ce jour

• où nous célébrons la *(nommer la fête)* de la bienheureuse Vierge Marie : …

• où nous célébrons la mémoire de la bienheureuse Vierge Marie : …

• où nous honorons la bienheureuse Vierge Marie : … nous voulons te chanter, te bénir et te glorifier. Car elle a conçu ton Fils unique lorsque le Saint-Esprit la couvrit de son ombre, et, gardant pour toujours la gloire de sa virginité, elle a donné au monde la lumière éternelle, Jésus, le Christ, notre Seigneur. Par lui, les anges célèbrent ta grandeur, et les esprits bienheureux adorent ta gloire ; par lui s'inclinent devant toi les puissances d'en haut et tressaillent d'une

même allégresse les innombrables créatures des cieux. À leur hymne de louange, laisse-nous joindre nos voix pour chanter et proclamer :
Saint ! Saint ! Saint...

1re préface des saints

La gloire des saints

Vraiment, il est juste et bon, pour ta gloire et notre salut, de t'offrir notre action de grâce, toujours et en tout lieu, Seigneur, Père très saint, Dieu éternel et tout-puissant. Car tu es glorifié dans l'assemblée des saints : lorsque tu couronnes leurs mérites, tu couronnes tes propres dons. Dans leur vie, tu nous procures un modèle, dans la communion avec eux, une famille, et dans leur intercession, un appui ; afin que, soutenus par de si nombreux témoins, nous courions jusqu'au bout l'épreuve qui nous est proposée et recevions avec eux l'impérissable couronne de gloire, par le Christ, notre Seigneur. C'est pourquoi, avec les anges et les archanges, avec la foule immense des saints, nous chantons l'hymne de ta gloire et sans fin nous proclamons :
Saint ! Saint ! Saint...

1re préface des Apôtres

Les Apôtres, pasteurs du peuple de Dieu

Vraiment, il est juste et bon, pour ta gloire et notre salut, de t'offrir notre action de grâce, toujours et en tout lieu, Seigneur, Père très saint, Dieu éternel et tout-puissant. Tu n'abandonnes pas ton troupeau, Pasteur éternel, mais tu le gardes par les bienheureux Apôtres sous ta constante protection, pour qu'il soit dirigé par ceux-là mêmes que tu as établis à sa tête comme pasteurs au nom de ton Fils. C'est pourquoi, avec les anges et les archanges, avec les puissances d'en haut et tous les esprits bienheureux, nous chantons l'hymne de ta gloire et sans fin nous proclamons :
Saint ! Saint ! Saint...

Préface des saints pasteurs

La présence des saints pasteurs dans l'Église

Vraiment, il est juste et bon, pour ta gloire et notre salut, de t'offrir notre action de grâce, toujours et en tout lieu, Seigneur, Père très saint, Dieu éternel et tout-puissant, par le Christ, notre Seigneur. Tu donnes à ton Église de se réjouir en la fête de saint (des saints) N. : par l'exemple qu'il a (qu'ils ont) donné, tu nous encourages, par son (leur) enseignement, tu nous éclaires, à sa (leur) prière, tu veilles sur nous. C'est pourquoi, avec la multitude des anges et des saints, nous chantons l'hymne de ta gloire et sans fin nous proclamons :

Saint ! Saint ! Saint...

Préface des saintes vierges, et des saints religieux ou religieuses

Signification de la vie consacrée

Vraiment, il est juste et bon, pour ta gloire et notre salut, de t'offrir notre action de grâce, toujours et en tout lieu, Seigneur, Père très saint, Dieu éternel et tout-puissant. Nous célébrons les prévenances de ton amour pour tant d'hommes et de femmes parvenus à la sainteté en se donnant au Christ à cause du royaume des Cieux. Par ce mystère d'alliance, tu veux que notre condition humaine retrouve sa splendeur première, et que, dès ici-bas, nous ayons un avant-goût des biens que tu nous donneras dans le monde à venir. C'est pourquoi, avec les saints et tous les anges, nous te louons et sans fin nous proclamons :

Saint ! Saint ! Saint...

1re préface des saints martyrs

Signification et valeur exemplaire du martyre

Vraiment, il est juste et bon, pour ta gloire et notre salut, de t'offrir notre action de grâce, toujours et en tout lieu, Seigneur, Père très saint, Dieu éternel et tout-puissant. Nous naissons un signe éclatant de ta grâce dans le martyre de saint (de sainte, des saints, des saintes) N. ; en répandant son (leur) propre sang comme le Christ, il a (elle a, ils ont, elles ont) glorifié ton nom. C'est ta puissance qui se déploie dans la faiblesse quand tu donnes à des êtres fragiles de te rendre témoignage par le Christ, notre Seigneur. C'est pourquoi, avec les puissances des cieux, nous pouvons te bénir sur la terre et t'adorer sans fin en proclamant :

Saint ! Saint ! Saint,
le Seigneur,
Dieu de l'univers !
Le ciel et la terre
sont remplis de ta gloire.
Hosanna au plus haut des cieux.
Béni soit celui qui vient
au nom du Seigneur.
Hosanna au plus haut des cieux.

Sanctus, Sanctus, Sanctus
Dominus Deus Sabaoth.
Pleni sunt cæli et terra gloria tua.
Hosanna in excelsis.
Benedictus qui venit in nomine Domini.
Hosanna in excelsis.

• *Prière eucharistique* **1**
« Toi, Père très aimant... » .... *p. 222*
• *Prière eucharistique* **2**
« Toi qui es vraiment saint... » .... *p. 226*
• *Prière eucharistique* **3**
« Tu es vraiment saint... » .... *p. 229*
• *Prière eucharistique* **4**
« Père très saint... » .... *p. 232*

Prière eucharistique n° 1

(Préfaces : p. 216)

Toi, Père très aimant, nous te prions et te supplions par Jésus Christ, ton Fils, notre Seigneur, d'accepter et de bénir + ces dons, ces offrandes, sacrifice pur et saint, que nous te présentons avant tout pour ta sainte Église catholique : accorde-lui la paix et protège-la, daigne la rassembler dans l'unité et la gouverner par toute la terre ; nous les présentons en union avec ton serviteur notre pape N., notre évêque N., et tous ceux qui gardent fidèlement la foi catholique reçue des Apôtres.

Souviens-toi, Seigneur, de tes serviteurs et de tes servantes (de N. et de N.), et de tous ceux qui sont ici réunis, dont tu connais la foi et l'attachement. Nous t'offrons pour eux, ou ils t'offrent pour eux-mêmes et tous les leurs ce sacrifice de louange, pour leur propre rédemption, pour la paix, et le salut qu'ils espèrent ; ils te rendent cet hommage, à toi, Dieu éternel, vivant et vrai.

(1) En semaine :

• Unis dans une même communion, vénérant d'abord la mémoire de la bienheureuse Marie toujours vierge, Mère de notre Dieu et Seigneur, Jésus Christ, •••

(2) Le dimanche :

• Unis dans une même communion, nous célébrons le jour où le Christ est ressuscité d'entre les morts ; et vénérant d'abord la mémoire de la bienheureuse Marie toujours vierge, Mère de notre Dieu et Seigneur, Jésus Christ, •••

(3) Pour la Présentation au Temple :

• Unis dans une même communion, nous célébrons le jour très saint où la Vierge Marie te présenta dans le Temple ton Fils unique, son enfant nouveau-né ; et vénérant d'abord la mémoire de cette Vierge bienheureuse, la Mère de notre Dieu et Seigneur, Jésus Christ, •••

••• et celle de saint Joseph, son époux, des bienheureux Apôtres et martyrs Pierre et Paul, André, [Jacques et Jean, Thomas, Jacques et Philippe, Barthélemy et Matthieu, Simon et Jude, Lin, Clet, Clément, Sixte, Corneille et Cyprien, Laurent, Chrysogone, Jean et Paul, Côme et Damien,] et de tous les saints, nous t'en supplions : accorde-nous, par leur prière et leurs mérites, d'être toujours et partout, forts de ton secours et de ta protection. [Par le Christ, notre Seigneur. Amen.]

Voici donc l'offrande que nous présentons devant toi, nous, tes serviteurs, et ta famille entière : Seigneur, dans ta bienveillance, accepte-la. Assure toi-même la paix de notre vie, arrache-nous à la damnation éternelle et veuille nous admettre au nombre de tes élus. [Par le Christ, notre Seigneur. Amen.]

Seigneur Dieu, nous t'en prions, daigne bénir et accueillir cette offrande, accepte-la pleinement, rends-la parfaite et digne de toi : qu'elle devienne pour nous le corps et le sang de ton Fils bien-aimé, Jésus, le Christ, notre Seigneur.

La veille de sa passion, il prit le pain dans ses mains très saintes et, les yeux levés au ciel, vers toi, Dieu, son Père tout-puissant, en te rendant grâce il dit la bénédiction, il rompit le pain, et le donna à ses disciples, en disant : **« Prenez, et mangez-en tous** : ceci est mon corps livré pour vous. » De même, après le repas, il prit cette coupe incomparable dans ses mains très saintes ; et, te rendant grâce à nouveau, il dit la bénédiction, et donna la coupe à ses disciples,

ciples, en disant : « **Prenez, et buvez-en tous,** car ceci est la coupe de mon sang, le sang de l'Alliance nouvelle et éternelle, qui sera versé pour vous et pour la multitude en rémission des péchés. Vous ferez cela en mémoire de moi. »

(1) Il est grand, le mystère de la foi :
— Nous annonçons ta mort, Seigneur Jésus, nous proclamons ta résurrection, nous attendons ta venue dans la gloire.
(2) Acclamons le mystère de la foi :
— Quand nous mangeons ce pain et buvons à cette coupe, nous annonçons ta mort, Seigneur ressuscité, et nous attendons que tu viennes.
(3) Qu'il soit loué, le mystère de la foi :
— Sauveur du monde, sauve-nous ! Par ta croix et ta résurrection, tu nous as libérés.
ou : Proclamons le mystère de la foi :
— Gloire à toi qui étais mort, gloire à toi qui es vivant, notre Sauveur et notre Dieu : viens, Seigneur Jésus !

Mysterium fidei.
(1) *– Mortem tuam annuntiamus, Domine, et tuam resurrectionem confitemur, donec venias.*
(2) *– Quotiescumque manducamus panem hunc et calicem bibimus, mortem tuam annuntiamus, Domine, donec venias.*
(3) *– Salvator mundi, salva nos, qui per crucem et resurrectionem tuam liberasti nos.*

Voilà pourquoi nous, tes serviteurs, et ton peuple saint avec nous, faisant mémoire de la passion bienheureuse de ton Fils, Jésus, le Christ, notre Seigneur, de sa résurrection du séjour des morts et de sa glorieuse ascension dans le ciel, nous te présentons, Dieu de gloire et de majesté, cette offrande prélevée sur les biens que tu nous donnes, le sacrifice pur et saint, le sacrifice parfait, pain de la vie éternelle et coupe du salut. Et comme il t'a plu d'accueillir les présents de ton serviteur Abel le Juste, le sacrifice d'Abraham, notre père dans la foi, et celui que t'offrit Melkisédek, ton grand prêtre, oblation sainte et immaculée, regarde ces offrandes avec amour et, dans ta bienveillance, accepte-les. Nous t'en supplions, Dieu tout-puissant : qu'elles soient portées par les mains de ton saint Ange en présence de ta gloire, sur ton autel céleste, afin qu'en recevant ici, par notre communion à l'autel, le corps et le sang très saints de ton Fils, nous soyons comblés de la grâce et de toute bénédiction du ciel. [Par le Christ, notre Seigneur. Amen.]

Souviens-toi aussi, Seigneur, de tes serviteurs et de tes servantes (de N. et N.) qui nous ont précédés, marqués du signe de la foi, et qui dorment dans la paix. Pour eux et pour tous ceux qui reposent dans le Christ, nous implorons ta bonté, Seigneur : qu'ils demeurent dans la joie, la lumière et la paix. [Par le Christ, notre Seigneur. Amen.]

Et nous pécheurs, tes serviteurs, qui mettons notre espérance en ta miséricorde inépuisable, admets-nous dans la communauté des saints Apôtres et martyrs, avec Jean Baptiste, Étienne, Matthias et Barnabé, [Ignace, Alexandre, Marcellin et Pierre, Félicité et Perpétue, Agathe, Lucie, Agnès, Cécile, Anastasie,] et tous les saints ; nous t'en prions, accueille-nous dans leur compagnie, sans nous juger sur le mérite mais en accordant largement ton pardon. Par le Christ, notre Seigneur. Par lui, tu ne cesses de créer tous ces biens, tu les sanctifies, leur donnes la vie, les bénis, et nous en fais le don.

Par lui, avec lui et en lui, à toi, Dieu le Père tout-puissant, dans l'unité du Saint-Esprit, tout honneur et toute gloire, pour les siècles des siècles. – ***Amen.***

Vient ensuite le rite de la communion, p. 236.

Prière eucharistique nº 2

(On peut aussi choisir une autre préface.)

Vraiment, Père très saint, il est juste et bon, pour ta gloire et notre salut, de t'offrir notre action de grâce, toujours et en tout lieu, par ton Fils bien-aimé, Jésus, le Christ : il est ta parole par qui tu as créé toutes choses ; c'est lui que tu nous as envoyé comme Rédempteur et Sauveur, Dieu fait homme, conçu de l'Esprit Saint, né de la Vierge Marie. Pour accomplir jusqu'au bout ta volonté et rassembler un peuple saint qui t'appartienne, il étendit les mains à l'heure de sa passion, afin de briser la mort, et de manifester la résurrection. C'est pourquoi, avec les anges et tous les saints, nous chantons ta gloire, et d'une seule voix nous proclamons :

Saint ! Saint ! Saint, le Seigneur, Dieu de l'univers ! Le ciel et la terre sont remplis de ta gloire. Hosanna au plus haut des cieux. Béni soit celui qui vient au nom du Seigneur. Hosanna au plus haut des cieux.

(Voir p. 221 pour la version latine.)

(1) En semaine :

• Toi qui es vraiment saint, toi qui es la source de toute sainteté, Seigneur, nous te prions : •••

(2) Le dimanche :

• Toi qui es vraiment saint, toi qui es la source de toute sainteté, Dieu notre Père, nous voici rassemblés devant toi, et, dans la communion de toute l'Église, nous célébrons le jour où le Christ est ressuscité d'entre les morts. Par lui que tu as élevé à ta droite, nous te prions : •••

(3) Pour la Présentation au Temple :

• Toi qui es vraiment saint, toi qui es la source de toute sainteté, Dieu notre Père, nous voici rassemblés devant toi et, dans la communion de toute l'Église, nous célébrons le jour très saint où la Vierge Marie te présenta dans le Temple son enfant nouveau-né, ton Fils unique, notre Seigneur. Par lui, lumière née de ta lumière, nous te prions : •••

••• Sanctifie ces offrandes en répandant sur elles ton Esprit ; qu'elles deviennent pour nous le corps et ✢ le sang de Jésus, le Christ, notre Seigneur.

Au moment d'être livré et d'entrer librement dans sa passion, il prit le pain, il rendit grâce, il le rompit et le donna à ses disciples, en disant :
« **Prenez, et mangez-en tous** : ceci est mon corps livré pour vous. »
De même, après le repas, il prit la coupe ; de nouveau il rendit grâce, et la donna à ses disciples, en disant :
« **Prenez, et buvez-en tous**, car ceci est la coupe de mon sang, le sang de l'Alliance nouvelle et éternelle, qui sera versé pour vous et pour la multitude en rémission des péchés. Vous ferez cela en mémoire de moi. »

(1) Il est grand, le mystère de la foi :
— Nous annonçons ta mort, Seigneur Jésus, nous proclamons ta résurrection, nous attendons ta venue dans la gloire.

(2) Acclamons le mystère de la foi :
— Quand nous mangeons ce pain et buvons à cette coupe, nous annonçons ta mort, Seigneur ressuscité, et nous attendons que tu viennes.

(3) Qu'il soit loué, le mystère de la foi :
— Sauveur du monde, sauve-nous ! Par ta croix et ta résurrection, tu nous as libérés.
ou : Proclamons le mystère de la foi :
— Gloire à toi qui étais mort, gloire à toi qui es vivant, notre Sauveur et notre Dieu : viens, Seigneur Jésus !
(Voir p. 224 pour la version latine.)

Prière eucharistique n° 2

En faisant ainsi mémoire de la mort et de la résurrection de ton Fils, nous t'offrons, Seigneur, le pain de la vie et la coupe du salut, et nous te rendons grâce, car tu nous as estimés dignes de nous tenir devant toi pour te servir. Humblement, nous te demandons qu'en ayant part au corps et au sang du Christ, nous soyons rassemblés par l'Esprit Saint en un seul corps.

Souviens-toi, Seigneur, de ton Église répandue à travers le monde : fais-la grandir dans ta charité en union avec notre pape N., notre évêque N., et tous les évêques, les prêtres et les diacres.

Souviens-toi aussi de nos frères et sœurs qui se sont endormis dans l'espérance de la résurrection, et souviens-toi, dans ta miséricorde, de tous les défunts : accueille-les dans la lumière de ton visage.

Sur nous tous enfin, nous implorons ta bonté : permets qu'avec la Vierge Marie, la bienheureuse Mère de Dieu, avec saint Joseph, son époux, les Apôtres et tous les saints qui ont fait ta joie au long des âges, nous ayons part à la vie éternelle et que nous chantions ta louange et ta gloire, par ton Fils Jésus, le Christ.

Par lui, avec lui et en lui, à toi, Dieu le Père tout-puissant, dans l'unité du Saint-Esprit, tout honneur et toute gloire, pour les siècles des siècles.

—*Amen.*

Vient ensuite le rite de la communion, p. 236.

Prière eucharistique nº 3

(Préfaces : p. 216)

Tu es vraiment saint, Dieu de l'univers, et il est juste que toute la création proclame ta louange, car c'est toi qui donnes la vie, c'est toi qui sanctifies toutes choses, par ton Fils, Jésus Christ, notre Seigneur, avec la puissance de l'Esprit Saint ; et tu ne cesses de rassembler ton peuple, afin que, du levant au couchant du soleil, une offrande pure soit présentée à ton nom.

(1) **En semaine :**

• C'est pourquoi nous te supplions, Seigneur, de consacrer toi-même les offrandes que nous apportons : •••

(2) **Le dimanche :**

• C'est pourquoi nous voici rassemblés devant toi, Dieu notre Père, et, dans la communion de toute l'Église, nous célébrons le jour où le Christ est ressuscité d'entre les morts. Par lui, que tu as élevé à ta droite, nous te supplions de consacrer toi-même les offrandes que nous apportons : •••

(3) **Pour la Présentation au Temple :**

• C'est pourquoi nous voici rassemblés devant toi, Dieu notre Père, et, dans la communion de toute l'Église, nous célébrons le jour où la Vierge Marie te présenta dans le Temple son enfant nouveau-né, ton Fils unique, notre Seigneur. Par lui, lumière née de ta lumière, nous te supplions de consacrer toi-même les offrandes que nous apportons : •••

••• Sanctifie-les par ton Esprit pour qu'elles deviennent le corps ✠ et le sang de ton Fils, Jésus Christ, notre Seigneur, qui nous a dit de célébrer ce mystère.

La nuit même où il fut livré, il prit le pain, en te rendant grâce il dit la bénédiction, il rompit le pain, et le donna à ses disciples, en disant : « **Prenez, et mangez-en tous** : ceci est mon corps livré pour vous. »

De même, après le repas, il prit la coupe ; en te rendant grâce il dit la bénédiction, et donna la coupe à ses disciples, en disant : « **Prenez, et buvez-en tous**, car ceci est la coupe de mon sang, le sang de l'Alliance nouvelle et éternelle, qui sera versé pour vous et pour la multitude en rémission des péchés. Vous ferez cela en mémoire de moi. »

(1) Il est grand, le mystère de la foi :
— Nous annonçons ta mort, Seigneur Jésus, nous proclamons ta résurrection, nous attendons ta venue dans la gloire.

(2) Acclamons le mystère de la foi :
— Quand nous mangeons ce pain et buvons à cette coupe, nous annonçons ta mort, Seigneur ressuscité, et nous attendons que tu viennes.

(3) Qu'il soit loué, le mystère de la foi :
— Sauveur du monde, sauve-nous ! Par ta croix et ta résurrection, tu nous as libérés.

ou :

Proclamons le mystère de la foi :
— Gloire à toi qui étais mort, gloire à toi qui es vivant, notre Sauveur et notre Dieu : viens, Seigneur Jésus !

(Voir p. 224 pour la version latine.)

En faisant ainsi mémoire de ton Fils, de sa passion qui nous sauve, de sa glorieuse résurrection et de son ascension dans le ciel, alors que nous attendons son dernier avènement, nous t'offrons, Seigneur, en action de grâce, ce sacrifice vivant et saint. Regarde, nous t'en prions, l'oblation de ton Église, et daigne y reconnaître ton Fils qui, selon ta volonté, s'est offert en sacrifice pour nous réconcilier avec toi. Quand nous serons nourris de son corps et de son sang, et remplis de l'Esprit Saint, accorde-nous d'être un seul corps et un seul esprit dans le Christ.

Que l'Esprit Saint fasse de nous une éternelle offrande à ta gloire, pour que nous obtenions un jour l'héritage promis, avec tes élus : en premier lieu la bienheureuse Vierge Marie, Mère de Dieu, avec saint Joseph, son époux, les bienheureux Apôtres, les glorieux martyrs, (saint N.) et tous les saints, qui ne cessent d'intercéder auprès de toi et nous assurent de ton secours.

Et maintenant nous te supplions, Seigneur : par le sacrifice qui nous réconcilie avec toi, étends au monde entier le salut et la paix. Affermis ton Église, en pèlerinage sur la terre, dans la foi et la charité, en union avec ton serviteur notre pape N., et notre évêque N., l'ensemble des évêques, les prêtres, les diacres, et tout le peuple que tu as racheté. Écoute, en ta bonté, les prières de ta famille, que tu as voulu rassembler devant toi. Dans ta miséricorde, ramène à toi, Père très aimant, tous tes enfants dispersés.

Pour nos frères et sœurs défunts, et pour tous ceux qui ont quitté ce monde et trouvent grâce devant toi, nous te prions : en ta bienveillance, accueille-les dans ton Royaume, où nous espérons être comblés de ta gloire, tous ensemble et pour l'éternité, par le Christ, notre Seigneur, par qui tu donnes au monde toute grâce et tout bien.

Par lui, avec lui et en lui, à toi, Dieu le Père tout-puissant, dans l'unité du Saint-Esprit, tout honneur et toute gloire, pour les siècles des siècles.

— Amen.

Vient ensuite le rite de la communion, p. 236.

Prière eucharistique nº 4

Vraiment, il est bon de te rendre grâce, il est juste et bon de te glorifier, Père très saint, car tu es le seul Dieu, le Dieu vivant et vrai : toi qui es avant tous les siècles, tu demeures éternellement, lumière au-delà de toute lumière. Toi, le Dieu de bonté, la source de la vie, tu as fait le monde pour que toute créature soit comblée de tes bénédictions, et que beaucoup se réjouissent de l'éclat de ta lumière. Ainsi, la foule innombrable des anges qui te servent jour et nuit se tiennent devant toi, et, contemplant la splendeur de ta face, n'interrompent jamais leur louange. Unis à leur hymne d'allégresse, avec la création tout entière qui t'acclame par nos voix, Dieu, nous te chantons (louons) :

Saint ! Saint ! Saint,
le Seigneur,
Dieu de l'univers !
Le ciel et la terre
sont remplis de ta gloire.
Hosanna au plus haut des cieux.
Béni soit celui qui vient
au nom du Seigneur.
Hosanna au plus haut des cieux.

(Voir p. 221 pour la version latine.)

Père très saint, nous proclamons que tu es grand et que tu as fait toutes choses avec sagesse et par amour : tu as créé l'homme à ton image et tu lui as confié l'univers, afin qu'en te servant, toi seul, son Créateur, il règne sur la création. Comme il avait perdu ton amitié par sa désobéissance, tu ne l'as pas abandonné au pouvoir de la mort. Dans ta miséricorde, tu es venu en aide à tous les hommes pour qu'ils te cherchent et puissent te trouver. Tu as multiplié les alliances avec eux, et tu les as formés, par les prophètes, dans l'espérance du salut. Tu as tellement aimé le monde, Père très saint, que tu nous as envoyé ton Fils unique, lorsque les temps furent accomplis, pour qu'il soit notre Sauveur. Dieu fait homme, conçu de l'Esprit Saint, né de la Vierge Marie, il a vécu notre condition humaine en toute chose, excepté le péché, annonçant aux pauvres la bonne nouvelle du salut ; aux captifs, la délivrance ; aux affligés, la joie. Pour accomplir le dessein de ton amour, il s'est livré lui-même à la mort, et, par sa résurrection, il a détruit la mort et renouvelé la vie. Afin que désormais notre vie ne soit plus à nous-mêmes, mais à lui qui est mort et ressuscité pour nous, il a envoyé d'auprès de toi, Père, comme premier don fait aux croyants, l'Esprit Saint qui continue son œuvre dans le monde et achève toute sanctification.

Que ce même Esprit Saint, nous t'en prions, Seigneur, sanctifie ces offrandes : qu'elles deviennent ainsi le corps + et le sang de notre Seigneur Jésus, le Christ, dans la célébration de ce grand mystère, que lui-même nous a laissé en signe de l'Alliance éternelle.

Quand l'heure fut venue où tu allais le glorifier, Père très saint, comme il avait aimé les siens qui étaient dans le monde, il les aima jusqu'au bout : pendant le repas qu'il partageait avec eux, il prit le pain, dit la bénédiction, le rompit et le donna à ses disciples, en disant :
« **Prenez, et mangez-en tous** : ceci est mon corps livré pour vous. »

De même, il prit la coupe remplie de vin, il rendit grâce, et la donna à ses disciples, en disant : « **Prenez, et buvez-en tous**, car ceci est la coupe de mon sang, le sang de l'Alliance nouvelle et éternelle, qui sera versé pour vous et pour la multitude en rémission des péchés. Vous ferez cela en mémoire de moi. »

Prière eucharistique n° 4

(1) Il est grand, le mystère de la foi :
— Nous annonçons ta mort,
Seigneur Jésus,
nous proclamons ta résurrection,
nous attendons ta venue dans la gloire.

(2) Acclamons le mystère de la foi :
— Quand nous mangeons ce pain
et buvons à cette coupe,
nous annonçons ta mort,
Seigneur ressuscité,
et nous attendons que tu viennes.

(3) Qu'il soit loué, le mystère de la foi :
— Sauveur du monde, sauve-nous !
Par ta croix et ta résurrection,
tu nous as libérés.
ou :
Proclamons le mystère de la foi :
— Gloire à toi qui étais mort,
gloire à toi qui es vivant,
notre Sauveur et notre Dieu :
viens, Seigneur Jésus !
(Voir p. 224 pour la version latine.)

Voilà pourquoi, Seigneur, nous célébrons aujourd'hui le mémorial de notre rédemption : en rappelant la mort du Christ et sa descente au séjour des morts, en proclamant sa résurrection et son ascension à ta droite, en attendant sa venue dans la gloire, nous t'offrons son corps et son sang, le sacrifice qui est digne de toi et qui sauve le monde entier. Regarde, Seigneur, celui qui s'offre dans le sacrifice que toi-même as préparé pour ton Église, et, dans ta bonté, accorde à tous ceux qui vont partager ce pain et boire à cette coupe d'être rassemblés par l'Esprit Saint en un seul corps, pour qu'ils deviennent eux-mêmes dans le Christ une vivante offrande à la louange de ta gloire.

Et maintenant, Seigneur, rappelle-toi tous ceux pour qui nous offrons le sacrifice : en premier lieu, ton serviteur notre pape N., notre évêque N., et l'ensemble des évêques, les prêtres et les diacres, les fidèles qui présentent cette offrande, les membres de notre assemblée, le peuple entier qui t'appartient, et tous ceux qui te cherchent avec droiture.

Souviens-toi aussi de ceux qui sont morts dans la paix du Christ, et de tous les défunts dont toi seul connais la foi.

À nous qui sommes tes enfants, accorde, Père très bon, l'héritage de la vie éternelle auprès de la Vierge Marie, la bienheureuse Mère de Dieu, auprès de saint Joseph, son époux, des Apôtres et de tous les saints, dans ton Royaume. Nous pourrons alors, avec la création tout entière, enfin libérée de la corruption du péché et de la mort, te glorifier par le Christ, notre Seigneur, par qui tu donnes au monde toute grâce et tout bien.

Par lui, avec lui et en lui, à toi, Dieu le Père tout-puissant, dans l'unité du Saint-Esprit, tout honneur et toute gloire, pour les siècles des siècles.

—Amen.

Vient ensuite le rite de la communion, p. 236.

RITE DE LA COMMUNION

Notre Père

(1) Comme nous l'avons appris du Sauveur, et selon son commandement, nous osons dire :

(2) Unis dans le même Esprit, nous pouvons dire avec confiance la prière que nous avons reçue du Sauveur :

Notre Père qui es aux cieux, que ton nom soit sanctifié,
que ton règne vienne, que ta volonté soit faite sur la terre comme au ciel.
Donne-nous aujourd'hui notre pain de ce jour. Pardonne-nous nos offenses,
comme nous pardonnons aussi à ceux qui nous ont offensés.
Et ne nous laisse pas entrer en tentation, mais délivre-nous du Mal.

(3) *Præceptis salutaribus moniti, et divina institutione formati, audemus dicere : Pater noster, qui es in cælis : sanctificetur nomen tuum ; adveniat regnum tuum ; fiat voluntas tua, sicut in cælo, et in terra. Panem nostrum cotidianum da nobis hodie ; et dimitte nobis debita nostra, sicut et nos dimittimus debitoribus nostris ; et ne nos inducas in tentationem ; sed libera nos a malo.*

Délivre-nous de tout mal, Seigneur, et donne la paix à notre temps : soutenus par ta miséricorde, nous serons libérés de tout péché, à l'abri de toute épreuve, nous qui attendons que se réalise cette bienheureuse espérance : l'avènement de Jésus Christ, notre Sauveur.

— Car c'est à toi qu'appartiennent le règne,
la puissance et la gloire pour les siècles des siècles !

Échange de la paix

Seigneur Jésus Christ, tu as dit à tes Apôtres : « Je vous laisse la paix, je vous donne ma paix » ; ne regarde pas nos péchés mais la foi de ton Église ; pour que ta volonté s'accomplisse, donne-lui toujours cette paix, et conduis-la vers l'unité parfaite, toi qui vis et règnes pour les siècles des siècles. **– *Amen.***
Que la paix du Seigneur soit toujours avec vous. **– *Et avec votre esprit.***
Dans la charité du Christ, donnez-vous la paix.

Fraction du pain

Que le corps et le sang de notre Seigneur Jésus Christ,
réunis dans cette coupe, nourrissent en nous la vie éternelle.

Agneau de Dieu

Agneau de Dieu, qui enlèves les péchés du monde, prends pitié de nous. *(bis)*
Agneau de Dieu, qui enlèves les péchés du monde, donne-nous la paix.

Agnus Dei, qui tollis peccata mundi, miserere nobis. (bis)
Agnus Dei, qui tollis peccata mundi, dona nobis pacem.

Communion

(1) Seigneur Jésus Christ, Fils du Dieu vivant, selon la volonté du Père et avec la puissance du Saint-Esprit, tu as donné, par ta mort, la vie au monde ; que ton corps et ton sang très saints me délivrent de mes péchés et de tout mal ; fais que je demeure fidèle à tes commandements et que jamais je ne sois séparé de toi.

(2) Seigneur Jésus Christ, que cette communion à ton corps et à ton sang n'entraîne pour moi ni jugement ni condamnation ; mais que, par ta bonté, elle soutienne mon esprit et mon corps et me donne la guérison.

Voici l'Agneau de Dieu, voici celui qui enlève les péchés du monde.
Heureux les invités au repas des noces de l'Agneau !
— Seigneur, je ne suis pas digne de te recevoir ;
mais dis seulement une parole, et je serai guéri.

Chant de communion *ou antienne de la communion.*

Prière après la communion *voir à la date du jour.*

RITE DE CONCLUSION

Le Seigneur soit avec vous.
— Et avec votre esprit.
Que Dieu tout-puissant vous bénisse, le Père, et le Fils, + et le Saint-Esprit.
— Amen.

Puis le diacre, ou le prêtre lui-même, les mains jointes, tourné vers l'assemblée, dit :
(1) Allez, dans la paix du Christ.
(2) Allez porter l'Évangile du Seigneur.
(3) Allez en paix, glorifiez le Seigneur par votre vie.
(4) Allez en paix.
— Nous rendons grâce à Dieu.

Chants pour la célébration

Les chants en rouge sont consultables à la page indiquée. **Les chants en noir** sont référencés avec leur cote SECLI.

	Ouverture	Renvoi	Communion / Action de grâce	Renvoi
2 fév.	Lumière dans nos vies, Emmanuel	K74-25	Voici le pain que donne Dieu	D50-07-2
	Nous voici, Seigneur, pour nous offrir à toi	p. 242	Quand s'éveilleront nos cœurs	X924
	Peuples, criez de joie	MY27	Maintenant, ô Souverain	Z74-22
9 fév.	Si le Père vous appelle	0154-1	Où sont amour et charité	p. 248
	Peuple choisi	K64-4SM	Avance au large et jetez vos filets	ADF
	Il est venu marcher sur nos routes	p. 240	Si la mer se déchaîne	Emmanuel
16 fév.	Peuple de Dieu, marche joyeux	p. 244	Heureux, bienheureux	X589
	Nous serons bienheureux	W48-90	Pas de plus grand bonheur	D13-20
	Si l'espérance t'a fait marcher	G213	Recevez le Christ	p. 246
23 fév	Bienheureux ceux qui font miséricorde	p. 245	Seigneur, fais de moi un instrument de ta paix	D41-46
	Au cœur de ce monde	EA238-1	Partageons le pain du Seigneur	p. 249
	Criez de joie, pauvres de cœur	EDIT 159	Celui qui aime Dieu	X26-94

Suggestions pour février 2025 proposées par Thibault Van Den Driessche, avec ChantonsenÉglise

Il est venu marcher sur nos routes (Ouverture)

F50-21-2 ; T. : M. Scouarnec, CNPL ; M. : M. Wackenheim ; Bayard Liturgie.

COUPLETS ♩ = 96

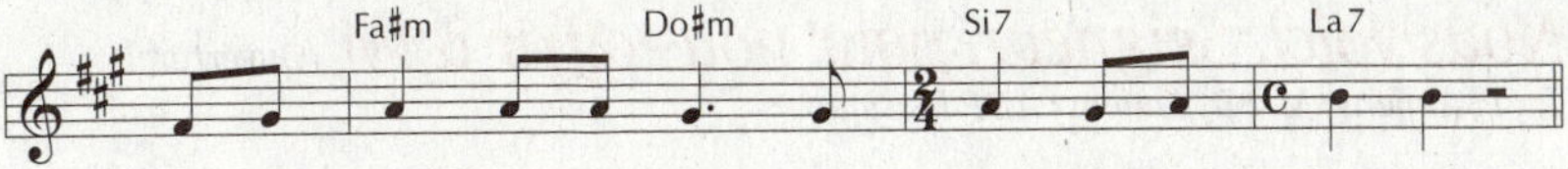

1. nous ap-prendre à ai - mer et vain - cre la hai - ne.
2. re - ce - vra par son Fils la vie é - ter - nel - le.
3. l'af - fa - mé est nour - ri et Dieu nous par - don - ne.
4. et ré - pan - dre la joie par - mi tous nos frè - res.

REFRAIN

Jé - sus Christ s'est le - vé par - mi nous,

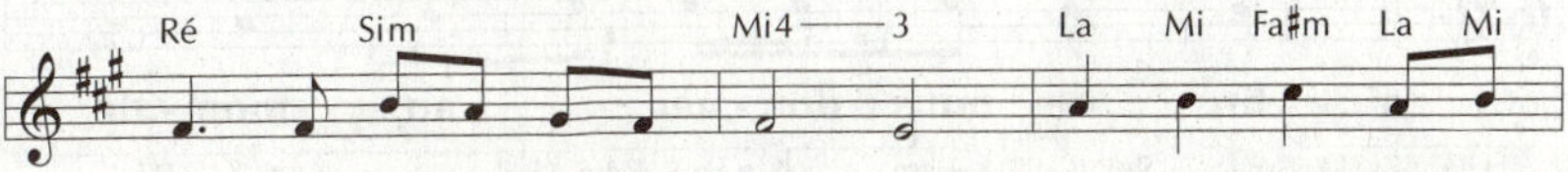

Dieu a vi - si - té son peu - ple. Jé - sus Christ s'est le -

vé par-mi nous, Dieu a vi - si - té son peu - ple.

(5) Il reviendra un jour dans la gloire
pour nous prendre avec lui, au ciel près du Père.
Il reviendra juger notre monde
et donner à nos corps la vie éternelle.

Nous voici, Seigneur, pour nous offrir à toi (Ouverture)

T. : P. Amiens ; M. : B. Amiens ; ADF Musique.

② Offrir nos vies pour le monde,
combattre toute injustice, annoncer une espérance,
faire advenir ton royaume afin que règne la paix.
Aimer et servir là où tu nous dis d'agir.

③ Offrir nos vies pour l'Église,
bâtir ta maison, Seigneur, apporter chacun sa pierre,
en ne formant qu'un seul corps dans l'unité de l'Esprit.
Aimer et servir là où tu nous enverras.

Peuple de Dieu, marche joyeux *(Ouverture)*

K180; T. : D. Rimaud; M. : C. Villeneuve; Fleurus.

Refrain : **Peuple de Dieu, marche joyeux, alléluia ! Alléluia !**
Peuple de Dieu, marche joyeux, car le Seigneur est avec toi.

① **Dieu t'a choisi parmi les peuples :**
pas un qu'il ait ainsi traité.
En redisant partout son œuvre,
sois le témoin de sa bonté.

② **Dieu t'a formé dans sa parole,**
et t'a fait part de son dessein :
annonce-le à tous les hommes
pour qu'en son peuple
ils ne soient qu'un.

③ **Tu es le peuple de l'Alliance,**
marqué du sceau de Jésus Christ :
mets en lui seul ton espérance
pour que ce monde vienne à lui.

④ **Dieu t'a tiré de l'esclavage,**
il t'a rendu ta liberté.
En souvenir de ton passage,
brise les liens des opprimés.

⑤ **Dieu t'a lavé de toute offense,**
en te marquant du sang sauveur.
Il s'est chargé de tes souffrances :
souffre avec lui pour les pécheurs.

⑥ **Tu as passé par le baptême :**
tu es le corps du Bien-Aimé.
Compte sur Dieu, ton Dieu lui-même
a fait de toi son envoyé.

⑦ **Dieu t'a nourri avec largesse**
quand tu errais aux lieux déserts :
vois ton prochain dans la détresse,
secours en lui ta propre chair.

⑧ **Dieu a dressé pour toi la table,**
vers l'abondance, il t'a conduit :
à toi de faire le partage
du pain des hommes aujourd'hui.

Bienheureux ceux qui font miséricorde *(Ouverture)*

DEV502 ; T. : C. Bernard ; M. : J.-P. Hervy ; ADF-Musique.

Refrain : **Bienheureux ceux qui font miséricorde,**
car ils obtiendront le pardon de Dieu ;
bienheureux sur les pas du Fils de l'homme,
car ils revivront dans la paix de Dieu !

① **Heureux ces bien-aimés de notre Père,**
choisis pour vivre dans l'amour :
l'amour aux fleurs de la tendresse,
nous rappelant ce que Dieu fait pour nous,
à la louange de sa gloire ! À la louange de sa gloire !

② **Heureux tous ces vivants que Jésus sauve,**
« Par ses blessures, ils sont guéris. »
Guéris et membres du Royaume,
pour être au monde une parole enfouie,
à la louange de sa gloire ! À la louange de sa gloire !

③ **Heureux ces artisans de l'Évangile,**
douceur et force des témoins :
témoins au cœur de pacifiques,
parmi leurs frères ils tracent des chemins,
à la louange de sa gloire ! À la louange de sa gloire !

Recevez le Christ (Communion)

T. et M. Communauté de l'Emmanuel (C. Suijkerbuijk) ; Éd. l'Emmanuel.

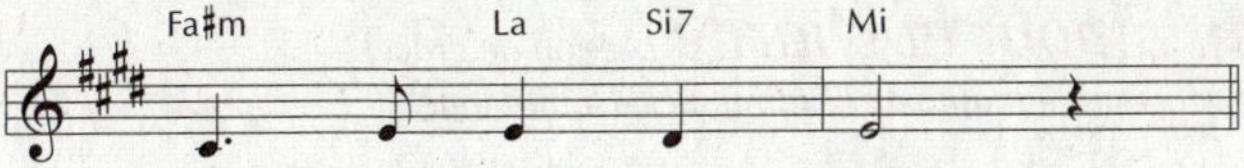

1. sus, l'A - gneau de Dieu !
2. nous la - ver les pieds.
3. viens pour de - meu - rer.
4. vi - ve de l'Es - prit.

REFRAIN

Re - ce - vez le Christ doux et hum - ble,

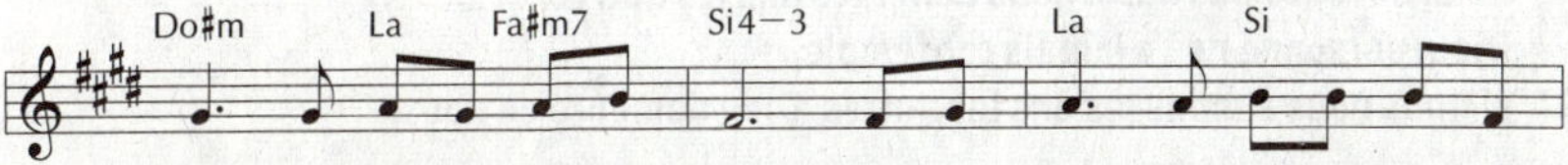

Dieu, ca-ché en cette hos - tie. Bien-heu-reux dis-ci-ples du Sei -

gneur, re - po - sez sur son cœur, ap-pre-nez tout de lui.

⑤ Seigneur, tu m'appelles à te suivre.
Viens au secours de ma faiblesse.
En mon cœur, viens, établis ta demeure,
que brûle ton amour.

Où sont amour et charité (Action de grâce)

X567 ; T. et M. : Communauté de l'Emmanuel ; L'Emmanuel.

Refrain : **Où sont amour et charité, Dieu lui-même est présent,
car l'amour est de Dieu, car Dieu est amour.**

① **Ce n'est pas nous qui avons aimé Dieu,
mais c'est lui qui nous a aimés le premier
et qui a envoyé son Fils
en victime offerte pour nos péchés.**

② **Si Dieu nous a aimés ainsi,
nous devons nous aussi nous aimer les uns les autres.
Dieu, personne ne l'a jamais contemplé,
si nous nous aimons les uns les autres, Dieu demeure en nous.**

③ **En ceci s'est manifesté l'amour de Dieu pour nous,
et nous y avons cru ;
Dieu est amour,
celui qui demeure dans l'amour demeure en Dieu.**

④ **Il n'y a pas de crainte dans l'amour,
le parfait amour bannit la crainte ;
quant à nous, aimons,
puisque lui nous a aimés le premier.**

Partageons le pain du Seigneur *(Communion)*

D39-31 ; T. : J. Hameline ; M. : J. Berthier / Populaire ; Bayard.

Refrain : **Partageons le pain du Seigneur à la table de l'univers.
C'est le don sans retour de l'amour de notre Dieu.**

① **Venez à moi, vous tous qui succombez sous la fatigue,
c'est moi qui porterai le poids de votre peine.**

② **Venez à moi, vous tous qui gémissez sous l'injustice,
c'est moi qui suis pour vous la loi libératrice.**

③ **Venez à moi, vous tous qui trébuchez dans les ténèbres,
sur vous s'élèvera l'éclat de ma lumière.**

④ **Venez à moi, vous tous dont on méprise l'espérance,
je viens pour relever les humbles qui attendent.**

⑤ **Venez à moi, vous tous qui avez faim du don céleste,
je viens pour partager le pain de votre vie.**

⑥ **Venez à moi, vous tous qui cheminez sans but sur terre,
je viens pour vous montrer la route vers le Père.**

⑦ **Venez à moi, vous tous qui convoitez richesse et gloire,
en moi la pauvreté a trouvé sa noblesse.**

CHANTS POUR L'ORDINAIRE

MESSE DE LA RÉUNION

Kyrie eleison

C59-07 ; T. : L. Grzybowski ; M. : J. Akepsimas, L. Grzybowski ; ADF Musique.

Gloire à Dieu

AL59-07 ; T. : AELF ; M. : L. Grzybowski ; ADF Musique.

1. Nous te lou-ons, nous te bé-nis-sons, nous t'a-do-rons, nous
te glo-ri-fions, nous te ren-dons grâ-ce pour ton im-men-se gloi-re, R.
2. Sei-gneur Dieu, Roi du ciel, Dieu le Pè - re tout-puis-
sant. Sei-gneur, Fils u - ni-que, Jé-sus Christ, Sei-gneur
Dieu, A-gneau de Dieu, le Fils du Pè - re; R.
3. toi qui en-lè-ves les pé chés du mon de, prends pi-tié de

La Sol Ré
nous; toi qui en - lè - ves les péchés du mon - de, re -
La Ré Sol
çois no - tre pri - è - re; toi qui es as - sis à la
Ré Mim7 La4 - 3
droi - te du Pè - re, prends pi - tié de nous. R.
Sol Ré La Ré
4. Car toi seul es saint, toi seul es Sei - gneur, toi
Sol Ré Sol Ré La
seul es le Très - Haut: Jé - sus Christ, a -
Sol Ré Sol6 La4 - 3
vec le Saint - Es - prit dans la gloi - re de Dieu le Pè - re.
Sol Ré La7/4 - 3 Ré Sol Ré Mim7 La7 Ré
A - men. A - men. A - men. A - men.

Alléluia, nous t'acclamons

U59-07 ; T. : L. Grzybowski ; M. : J. Akepsimas, L. Grzybowski ; ADF Musique.

Saint ! Saint ! Saint le Seigneur !

AL59-07 ; T. : AELF ; M. : J. Akepsimas, L. Grzybowski ; ADF Musique.

Anamnèse

AL59-07 ; T. : AELF ; M. : J. Akepsimas, L. Grzybowski ; ADF Musique.

Chant pour la paix

C59-07 ; T. : L. Grzybowski ; M. : J. Akepsimas, L. Grzybowski ; ADF Musique.

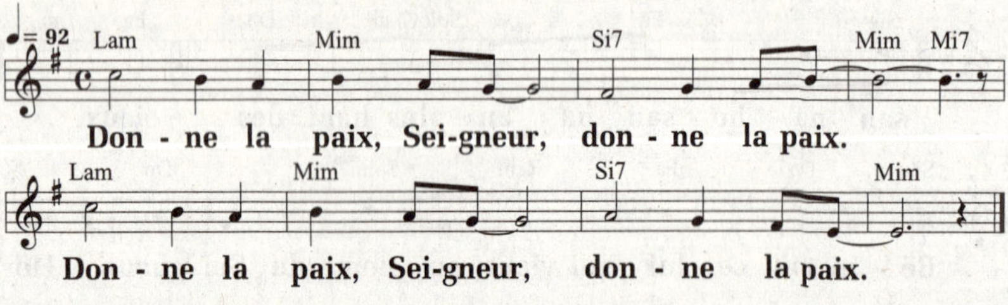

Agneau de Dieu

AL59-07 ; T. : AELF ; M. : J. Akepsimas, L. Grzybowski ; ADF Musique.

1. & 2. A - gneau de Dieu, qui en - lè - ves les péchés du mon-de,
3. A - gneau de Dieu, qui en - lè - ves les péchés du mon-de,

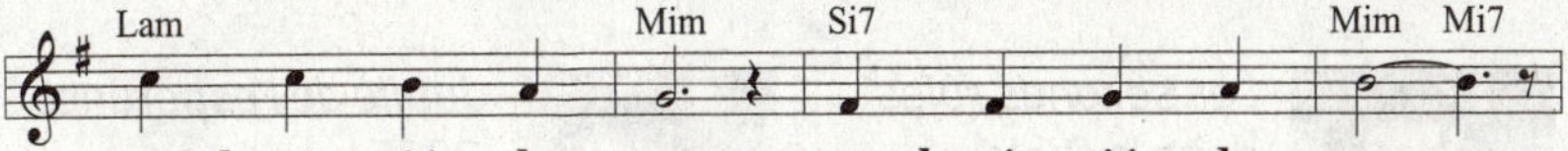

prends pi - tié de nous, prends pi - tié de nous.
don - ne - nous la paix, don - ne - nous la paix.

Prends pi - tié de nous, prends pi - tié de nous.
Don - ne - nous la paix, don - ne - nous la paix.

LES RENDEZ-VOUS DE FÉVRIER 2025

SOMMAIRE

Chemin d'étoiles
Jacques Nieuviarts
p. 260

Trésors de la liturgie
Emmanuelle Billoteau
p. 265

Les seconds rôles dans la Bible
Anne Lécu
p. 262

Jubilé de l'espérance 2025
Sylvaine Lacout
p. 268

Témoignage de lecteur .... *p. 270*
Question du mois .... *p. 272*
Église du monde .... *p. 274*
Reportage .... *p. 276*
Messes TV radio .... *p. 281*
Culture .... *p. 282*
Agenda .... *p. 285*

© P-E. Charon ; © F. Brochoire/Signatures ; © Guillaume Poli/Ciric

Lueurs d'espérance

Dernière ligne droite avant le printemps, nous avons sélectionné quelques rayons de soleil pour illuminer ce mois de février. À partir de Dakar, au Sénégal, Sarah nous fait part de ses découvertes en tant que volontaire visiteuse de prison à la maison d'arrêt de Rebeuss. Sa foi chahutée grandit à la rencontre de celle des prisonniers et son témoignage réchauffe nos propres chemins de foi. Chez nous, en montagne et par temps neigeux, le père Geoffroy ose réconforter la foi de ceux qui le souhaitent avec le sacrement de réconciliation. Une initiative originale et pleine d'humour qui nous rappelle que Dieu peut venir éclairer même ce que l'on croyait trop sombre ! Une autre lumière nous vient de Bénédicte, notre lectrice du mois. Profonde et éprouvée, cette lueur témoigne du chemin que l'Esprit trace avec notre consentement au plus enfoui de nous-mêmes. Lueur d'espérance ! Un autre rayon de lumière, intense cette fois-ci, provient du jubilé. Lorsque nous réalisons qu'il s'agit d'une année sainte, autrement dit, d'une année pour Dieu, il est difficile de ne pas la faire resplendir de notre prière d'action de grâce. ■

Karem Bustica
Rédactrice en chef de Prions en Église

« Dieu peut venir éclairer même ce que l'on croyait trop sombre ! »

© Simon Lambert

CHEMIN D'ÉTOILES

Jacques Nieuviarts, prêtre assomptionniste

Pays sans étoiles

Alors que les mages venus d'Orient suivent l'étoile, Hérode et les scribes, au pays de Jésus, restent emmurés dans la peur et le refus.

Quel contraste ! Les mages regardent le ciel et marchent. Ils ont vu l'étoile à l'orient et saisi qu'elle leur désignait « le roi des Juifs qui [venait] de naître » . Ils sont venus « se prosterner devant lui » et interrogent sur le lieu où il vient de naître (cf. Mt 2, 2). Hérode est bouleversé, et Jérusalem en émoi. Hérode réunit grands prêtres et scribes, dont c'est le métier – et qui seront là ensemble au temps de la Passion ! – pour s'enquérir du lieu où devait naître « le Christ ». Les scribes lisent bien les Écritures. Ils y puisent le meilleur, qu'ils interprètent avec liberté, et citent le très bel oracle messianique du prophète Michée. Il parlait de Bethléem comme du « plus petit des clans de Juda » (Mi 5, 1), eux affirment sans crainte qu'il n'est « certes pas le dernier » et conjuguent à la manière juive ses paroles avec d'autres semblables puisées au livre de Samuel (2 S 5, 2). Ils lisent bien l'Écriture mais, entre leurs mains, elle est comme une eau morte et sans joie. Elle ne les met pas en mouvement, et Hérode préfère convoquer les mages en secret pour leur faire préciser à quelle date l'étoile est apparue et les envoyer se « renseigner » sur l'enfant. « Quand vous l'aurez trouvé, venez me l'annoncer pour que j'aille, moi aussi, me prosterner devant lui » (Mt 2, 8). Ils partent, « et voici, dit Matthieu, que l'étoile qu'ils avaient vue à l'orient les précédait jusqu'à ce qu'elle vienne s'arrêter au-dessus de l'endroit où se trouvait l'enfant. Quand ils virent l'étoile, ils se réjouirent d'une très grande joie » (Mt 2, 9-10). Ainsi l'étoile les accompagne dans leur marche, tandis qu'Hérode et les scribes lisent les Écritures, emmurés dans la peur et le refus, inertes. Les mages entrent « dans la maison » (chez Matthieu, pas de bergers, ni de chants d'anges, ni de crèche), se prosternent devant l'enfant et offrent leurs présents. « Mais, avertis en songe de ne pas retourner chez Hérode », ils regagnent leur pays « par un autre chemin. »

Les mages, puis Hérode, ont dévoilé au passage les traits essentiels de l'identité de Jésus.

Jacob, jadis, eut des songes, ce discret passage de Dieu qui trace le chemin. Eux aussi. Ainsi, ils repartent par un autre chemin, laissant Jérusalem à son hostilité envers Jésus, « roi des Juifs » et « Christ », puisque les mages, puis Hérode, ont dévoilé au passage ces traits essentiels de son identité ! Et c'est à des étrangers qu'il est pleinement révélé. ■

Anne Lécu, dominicaine

Phébée, la protectrice

Citée une seule fois dans la Bible (Rm 16, 1), Phébée, que l'on peut qualifier de diaconesse, est une femme importante de l'entourage de Paul.

Phébée est une des femmes fortes des débuts de l'Église. On a une trace de son existence à la fin de l'épître de Paul aux chrétiens de Rome, qu'elle est sans doute chargée d'acheminer à ses destinataires. Elle n'est pas citée ailleurs. Nos traductions masquent sans doute un peu l'importance de cette femme. Ainsi nous la présente la traduction liturgique : « Je vous recommande Phébée notre sœur, ministre de l'Église qui est à Cencrées ; accueillez-la dans le Seigneur comme il convient à des fidèles ; aidez-la en toute affaire où elle aurait besoin de vous, car elle a prêté assistance à beaucoup de gens, de même qu'à moi » (Rm 16, 1-2).

En fait, deux mots sont importants dans cette description ; Phébée est *diakonos* (traduit ici par « ministre ») du Seigneur, mais on pourrait légitimement traduire « diaconesse ». Il s'agit sans doute d'un ministère institué. Elle n'est désignée ni comme « femme de », ni comme « fille de », mais par la communauté qu'elle sert, près de Corinthe, Cencrées, et comme « sœur » de Paul, une femme qu'il traite d'égale à égal. D'autre part, elle a « prêté assistance à beaucoup », expression qui traduit le titre *prostatis,* mot unique dans le Nouveau Testament. Or, partout ailleurs, dans la littérature de l'époque, ce titre désigne un dirigeant, un bienfaiteur, une personne chargée de gouverner, quelqu'un qui a autorité sur les autres. En lui donnant ce titre, Paul reconnaît sa dette à son égard, et combien il a pu dépendre d'elle à un moment donné. •••

© Gaétan Évrard

Première Alliance

« Revêtue de force et de splendeur, [la femme vaillante] sourit à l'avenir. Sa bouche s'exprime avec sagesse et sa langue enseigne la bonté. » Proverbes 31, 25-26

... *La Bible des écrivains* (Bayard) traduit plus justement : « Car elle a su être la protectrice de beaucoup et de moi-même. » Nous ne savons rien de plus la concernant ni si elle était mariée, célibataire ou veuve. Nous savons seulement qu'elle a servi la communauté chrétienne des premiers temps, de façon officielle – la traduction liturgique l'appelle « ministre de l'Église » – et qu'elle avait une vraie autorité dont Paul a bénéficié. Ainsi y a-t-il dans l'entourage de Paul, comme auparavant dans l'entourage de Jésus, des femmes fortes. Il est instructif de constater que les traductions ne leur rendent pas forcément hommage, ou en tout cas atténuent leurs rôles. Ainsi va la vie. Dans nos familles et nos histoires, il y a souvent des femmes de ce type, dont l'autorité naturelle a servi celles et ceux qui les côtoyaient, des matriarches, finalement. Plusieurs générations plus tard, on les a peut-être oubliées, mais sans elles, qui sait où nous serions ? Paul a la délicatesse de reconnaître à Phébée ces qualités. ■

Nouvelle Alliance

« Je vous recommande Phébée notre sœur, ministre de l'Église qui est à Cencrées; [...] elle a prêté assistance à beaucoup de gens, de même qu'à moi. »

Romains 16, 1-2

TRÉSORS DE LA LITURGIE

Emmanuelle Billoteau, ermite

Un peuple en marche

La liturgie nous rejoint à tous les niveaux de notre être : corps, cœur, intellect. Elle mobilise toutes nos énergies et nous invite à entrer dans une symbolique qu'il nous appartient de décrypter. Les processions, elles, spécifient notre identité de communauté en marche vers le Royaume.

La liturgie nous propose des processions lors de chaque eucharistie : entrée, offertoire, communion, sortie. Lors de grandes fêtes telles la Présentation, la célébration des Rameaux ou la vigile pascale, la procession d'entrée commence à l'extérieur de l'église, soulignant une signification spécifique explicitée par la monition qui précède la mise en mouvement de l'assemblée. Lors d'un sacrement comme le baptême, une procession, à laquelle l'Église ancienne attribuait une grande importance, conduit du baptistère au lieu de la célébration eucharistique.

La procession d'entrée des eucharisties dominicales est le plus souvent effectuée par le ou les célébrants, accompagnés d'un ou de plusieurs diacres, d'un lecteur, d'enfants...

... de chœur. Ils représentent l'assemblée dans sa démarche communautaire, laquelle ne va pas sans une démarche personnelle. La procession est là pour signifier le déplacement que la communauté et chacun est appelé à faire pour habiter ce nouvel espace en matière de lieu et de temps, l'écart à vivre par rapport à ce qui fait la trame ordinaire de l'existence. Il s'agit de se rendre disponible pour rencontrer le Seigneur et faire communauté avec des personnes que nous n'aurions pas forcément choisies, mais qu'il a convoquées au même titre que nous. Ce qui suppose de sortir de notre univers familier, de nos ruminations, de nos soucis, et donc de « nous déraciner de tout ce qui fait de nous un morceau de notre terre, de notre continent, de notre race, de notre culture, de notre classe, pour que nous soyons tout à tous » (M. Zundel, *Je ne crois pas en Dieu, je le vis*). La Bible, mise à l'honneur dans cette procession, nous rappelle que Celui nous allons rencontrer dans le sacrement de l'eucharistie est la Parole faite chair par laquelle nous nous laissons enseigner, car « l'homme ne vit pas seulement de pain, mais de tout ce qui vient de la bouche du Seigneur » (Dt 8, 3). C'est par elle que le Seigneur nous rejoint, entre en alliance avec nous, sollicite notre propre parole qui, ici, ne peut être que prière. En ce qui concerne la croix de procession, celle-ci renvoie au mystère pascal en sa totalité – mort, résurrection, don de l'Esprit –, nous signifiant que le Christ est notre Sauveur, notre avenir et celui de tout homme.

La procession des offrandes marque, quant à elle, l'entrée dans la liturgie eucharistique proprement dite. Le Christ, Dieu et homme, qui s'est offert en nourriture nous entraîne dans le don qu'il a fait de lui-même. Les espèces, le pain et le vin, l'assemblée qui les offre et qui s'offre avec elles, vont s'exposer ou être exposées à l'action de l'Esprit. Le pain et le vin consacrés ne sont-ils pas la nourriture du peuple de Dieu en sa pérégrination vers le Royaume ? La procession de communion nous fait signe, là encore, vers tout un chemin personnel et communautaire pour accueillir les autres et le Tout-Autre. Car l'acte de communier n'a rien d'intimiste : la liturgie « est toujours un acte universel […]. On ne peut communier, on ne peut entrer dans le rayonnement de l'eucharistie, sans se faire Église. [Ce qui] n'exclut pas, bien au contraire, cette solitude silencieuse de l'âme avec Dieu qui est un des deux pôles de l'universalité, qui a son centre au plus intime de la personne de chacun de nous » (M. Zundel). Enfin, la procession de sortie nous met en marche vers le monde, sachant que nous avons mission de porter la Bonne Nouvelle du salut, de la laisser germer au plus concret de nos existences. Ces processions, quand elles sont vécues avec soin, contribuent à la qualité de nos célébrations, de notre implication personnelle au sein d'un peuple en marche et en attente d'une rencontre avec le Ressuscité. ■

> *Ces processions, contribuent à la qualité de nos célébrations, de notre implication personnelle au sein d'un peuple en marche.*

Sylvaine Lacout, théologienne,
laïque consacrée de la communauté des Béatitudes

Le sens du shabbat

Comme le shabbat est un jour saint, le jubilé est une année sainte, une année « pour Dieu ».

Pour comprendre le sens du jubilé, il faut comprendre celui du shabbat biblique. Avec les deux versions du Décalogue, deux lignes interprétatives se dégagent : l'une rapporte le shabbat à la Création, l'autre à la libération d'Égypte. Dans les deux textes du Décalogue, le précepte du shabbat est central. Il en est comme la clef de voûte de tout l'édifice. Il est à la pliure des deux tables des commandements, ceux relatifs à Dieu et ceux relatifs à l'autre. Dans les deux versions, le commandement du shabbat articule relation à Dieu « shabbat pour le Seigneur ton Dieu » et relation à l'autre, cet autre qu'il soit soi-même, le proche, le lointain, les animaux et la terre.

Dans le livre de l'Exode, le shabbat vient chaque semaine rappeler à l'homme que la Création est l'œuvre de Dieu, une œuvre qui manifeste la bonté du Seigneur (cf. Ex 20, 8-11). Le septième jour est aussi le jour saint au cours duquel, Dieu lui-même s'est arrêté et a contemplé son œuvre :

« Car en six jours, YHWH a fait les cieux et la terre, la mer et tout ce qu'il y a en eux et il s'est arrêté le septième jour. C'est pourquoi YHWH a béni le jour du shabbat et l'a sanctifié » (cf. Ex 20, 11) Le shabbat apprend à l'homme à recevoir la Création comme un don de Dieu, à découvrir que sa vocation est d'être au service de cette Création, qu'il est appelé à garder et à cultiver. Dans le livre du Deutéronome, le shabbat est relié à l'événement fondateur de la sortie d'Égypte (cf. Dt 5, 12-15). La puissance de Dieu se met au service de la liberté du peuple esclave : « Tu te souviendras que tu as été en servitude au pays d'Égypte et que YHWH ton Dieu t'en a fait sortir d'une main forte et d'un bras étendu » (cf. Dt 5, 15). La mémoire de la condition d'esclave qui a été celle d'Israël en Égypte vient, chaque shabbat, rappeler à Israël qu'il a été libéré de l'esclavage, lui, mais aussi tous ceux qui vivent avec lui. Cette mémoire vient critiquer toute situation actuelle d'esclavage, d'aliénation, de mauvaise dépendance.

L'année jubilaire vient nous redire que nous sommes appelés à glorifier Dieu dans ses œuvres.

L'obligation du shabbat traverse tout l'Ancien Testament, Israël ne cesse d'être invité à « garder » le shabbat, à en « faire mémoire ». Dans la ligne du shabbat, l'année jubilaire vient nous redire que nous sommes appelés à glorifier Dieu dans ses œuvres et à nous laisser rejoindre par son salut qui vient nous libérer. ■

Erratum : contrairement à ce que nous avons écrit dans notre numéro de décembre, en cette année jubilaire, il n'y a pas d'ouverture de portes saintes dans chaque diocèse.

TÉMOIGNAGE DE LECTEUR

Propos recueillis par **Frédéric Pascal**, journaliste

« Je me sens pauvre »

Bénédicte, accompagnatrice spirituelle à Clamart (92), confie combien sa prière est devenue pauvre et est aujourd'hui portée par les personnes avec lesquelles elle chemine.

« Prier est devenu pour moi difficile. Je n'ai pas ce rituel quotidien que j'admire tant : toujours à la même heure, face à un petit oratoire. J'ai pourtant des occasions de m'imprégner de l'Écriture, quand je choisis des chants pour la messe, quand je participe au partage d'Évangile que j'ai mis en place dans ma paroisse ou quand je prépare un accompagnement spirituel. Je m'étonne que l'accompagnement spirituel que je propose convienne aux personnes. Parce que je me sens pauvre. Je leur conseille les exercices de saint Ignace. Je sais par expérience qu'ils portent des fruits. Mais moi, je ne peux plus. J'ai exploré l'oraison, la prière du pèlerin russe… Rien. En ce moment, je n'arrive même pas à lire chaque matin les lectures dans mon *Prions en Église*. Parfois, je m'adresse à Dieu : "Seigneur, avant, tu me réveillais avec une phrase et j'en avais pour la journée ! Fais quelque chose !" Je ne cherche plus à savoir

© Sandrine Martin

pourquoi ma prière est si stérile. C'est ainsi. Malgré tout, je continue de saluer le Seigneur le matin. Et j'espère toujours trouver trente minutes dans ma journée. Les rares fois où j'y arrive, j'éteins le téléphone, j'arrête tout et m'installe sur mon petit banc de prière. Un jour, lors d'une retraite, j'ai pris les mesures d'un banc qui me convenait en me disant que cela marquerait physiquement ces moments-là, et je me suis fabriqué une réplique. Je récite une phrase qui m'a touchée, confie au Seigneur les personnes rencontrées et les difficultés autour de moi – elles sont tellement nombreuses… Mais ma prière reste pauvre et mon assiduité fragile. Une chose, pourtant, ne cesse de m'étonner : alors que prier est devenu ardu, accompagner d'autres continue de me remplir de joie. Voir quelqu'un s'ouvrir, découvrir le chemin de la prière et s'épanouir, c'est merveilleux à tomber à genoux ! Voilà, aujourd'hui, ma nourriture spirituelle. » ■

Comment prier avec les souffrants ?

QUESTION DU MOIS

Prier avec une personne malade, en particulier lorsque l'échange devient difficile, c'est accueillir humblement la présence, celle du Christ vivant en notre sœur ou frère souffrant : « J'étais malade et vous m'avez visité » (Mt 25, 36). Reconnaître le visage du Christ nous invite à poser un regard d'amour, celui du signe de la croix. Invoquons l'Esprit Saint pour inspirer paroles, silences, gestes, en nous adaptant à la situation de la personne avec humilité et douceur. Il y a tant de façons de prier. En ouvrant l'oreille de notre cœur, nous pourrons ensemble prier avec la réalité incarnée du malade.

La parole de Dieu ouvre un chemin que nous ne pouvons pas soupçonner. L'évangile du jour ou le psaume peuvent résonner en chacun. Les prières – Notre Père, Je vous salue Marie – et des cantiques demeurent souvent connus et parlants dans le grand âge ou la maladie. Ils permettent la communion avec l'Église qui se vit aussi à travers les sacrements : la personne malade peut recevoir le Christ vivant dans l'eucharistie, et l'onction des malades.

Confier au Seigneur les personnes rencontrées permet de rester en union de prière. Par cet acte d'abandon et de confiance, laisser Dieu faire en l'autre son chemin : « Ce que tu as caché aux sages et aux savants, tu l'as révélé aux tout-petits » (Mt 11, 25). ■

Marie-Christine Lestoille,
aumônier d'hôpital

Annonce

À LA DÉCOUVERTE DE L'ÂME ROUMAINE

Pèlerinage en Roumanie

Cet itinéraire authentique vous révélera la beauté du très riche patrimoine culturel et religieux de ce pays au cœur de l'Europe où l'Église est restée très présente. Un pèlerinage qui permettra aussi une découverte approfondie de l'âme roumaine et de cette orthodoxie si mystique grâce à des rencontres avec les communautés chrétiennes locales, des célébrations et une animation spirituelle portée par un enfant du pays. Vous ferez étape à Sibiu, une des plus belles villes de Transylvanie, vous visiterez le monastère Moldovita, inscrit au patrimoine mondial de l'Unesco. Accompagné par Gica Paulet, prêtre assomptionniste roumain.

Monastère Moldovita (Roumanie)

© AdobeStock

PRATIQUE **Du 20 au 28 juin 2025.** Une sélection **"Prions en Église"** organisée par Bipel.
Renseignements et inscription : 01 45 55 47 52 ou courriel : bipel.pelerinages@bipel.com

Sarah Blanchard, volontaire avec la DCC* et enseignante au Sénégal

L'espérance des prisonniers

« Volontaire au sein du lycée Sainte-Jeanne-d'Arc de Dakar au Sénégal, j'ai commencé ma mission par des activités pastorales. Puis, m'adaptant aux besoins, je suis maintenant prof de philo, d'éthique et de catéchèse… Pour mettre Dieu au cœur de cette mission, j'ai cherché à m'insérer dans ma paroisse. À la fin d'une messe, une annonce a été faite : "Nous avons besoin de visiteurs de prison pour la maison d'arrêt de Rebeuss." Après avoir prié, j'ai assisté à une première réunion et me suis lancée. Chaque samedi, avec trois autres visiteurs, je participe à une messe avec 250 hommes, prisonniers chrétiens, qui vivent dans des conditions extrêmement difficiles. Ils animent eux-mêmes la louange puis la messe; le chef de chœur est lui aussi prisonnier. Après la célébration, nous partageons avec chacun. Je suis bouleversée par la ferveur de leur foi, la force de leurs chants, la confiance inébranlable en Dieu dans leur prière. Leur espérance est bien au-delà de l'espoir. Cette expérience interroge ma propre foi : lorsque je vis des choses qui semblent sans issues, ma foi est-elle aussi grande pour être absolument certaine que Dieu m'en libérera ? » ■

*La Délégation catholique pour la coopération (DCC) est le service du volontariat de l'Église en France.

▲ Sarah avec ses élèves au lycée Sainte-Jeanne-d'Arc, Dakar (Sénégal).

◀ Les murs de la maison d'arrêt de Rebeuss.

DCC / S. Blanchard

Anne-Quitterie Jozeau, journaliste

Quand sports d'hiver riment avec prière

À l'heure des congés d'hiver, plusieurs paroisses montagnardes proposent aux vacanciers des initiatives spirituelles, sans déchausser les skis.

Une bénédiction aux flambeaux

Le 4 mars prochain, la station de ski, l'office de tourisme et la paroisse de Châtel (74) organisent ensemble la bénédiction annuelle des skieurs et secouristes à la chapelle Notre-Dame-des-Neiges. Grâce au télésiège rouvert après fermeture, vacanciers et locaux montent sur le plateau de Plaine Dranse, où se trouve la chapelle. Éclairée de torches lumineuses, la chapelle est visible de loin. La prière commence à 18 h 30, quand moniteurs et employés de la station portent en procession une statue en bois de Notre-Dame des Neiges. S'ensuit une liturgie de la Parole, ponctuée de chants et de lectures. Le prêtre fait une courte homélie, « souvent en lien avec la nature comme don de Dieu et le ski », souligne le père Louis Aegerter, l'ancien curé. Enfin, le prêtre bénit les skieurs, ceux qui se trouvent à l'intérieur puis ceux de l'extérieur. Cette soirée se termine par un verre offert par l'office de tourisme, vin chaud ou jus de pomme.

Une fois bénis, les plus sportifs redescendent en ski, flambeaux à la main.

La confession sur le télésiège

Le lundi, deux heures par semaine, le père Geoffroy Genin donne le sacrement de la réconciliation sur le télésiège de la station de Val-Cenis (73). « Je suis parti du constat qu'aux permanences de confession, rien n'allait : soit il n'y a personne, soit il y a trop de monde », déclare le curé de la paroisse Notre-Dame de l'Alliance, fan de ski. Durant toutes les vacances scolaires, et ceci depuis une dizaine d'années, le prêtre donne le pardon des fautes au sommet, puis descend la piste avec la personne confessée en chantant en guise d'action de grâce. « Parfois, nous faisons des allers-retours », raconte-t-il. Repérable, le prêtre est vêtu d'un immense tee-shirt bleu sur lequel sont inscrits son nom et son numéro. « Au moins, si personne ne se tourne vers moi sur les pistes, je peux continuer à skier », ajoute avec humour le père Geoffroy Genin.

D.R.

▲ **Le tee-shirt du père Geoffroy Genin indiquant ses coordonnées.**

Une messe, chaussures de ski aux pieds

Autre massif, même toponymie. La station de la Mongie (65) a ...

••• aussi sa chapelle Notre-Dame-des-Neiges. La messe dominicale y est célébrée tous les samedis pendant les vacances scolaires à 17 heures. La chapelle est située à l'entrée de la station, près des télésièges, à 1 800 mètres d'altitude, en face du pic du Midi de Bigorre. « Notre-Dame des Neiges est vraiment le phare de la station, visible de tous les points de vue », explique Pierre Gardères, diacre du doyenné de Bagnères-de-Bigorre. Chaussures de ski aux pieds, les participants à la messe arrivent à la fermeture de la station et alignent leurs skis contre les murs de l'édifice religieux. Environ quatre-vingts personnes participent à la messe, « en particulier des vacanciers » selon Pierre Gardères. Les autres jours de la semaine, la chapelle, qui date des années cinquante, reste ouverte. « Il n'est pas rare d'y trouver du monde : moniteurs et vacanciers s'y arrêtent pour y déposer une bougie, c'est leur prière à eux », conclut le diacre. ■

Et pour ceux qui ne skient pas ?

Puisque tout le monde n'est pas en mesure de pratiquer le ski, d'autres initiatives pastorales existent. Un jour par semaine lors des vacances d'hiver, la paroisse de Font-Romeu (66) organise une après-midi « luge et spi » pour les enfants et parents qui le désirent. Cette activité se conclut par un goûter, suivi de la messe.

Du 5 mars au 17 avril

Cheminez vers Pâques

Avec le hors-série *Pâques 2025, Prions en Église* vous propose de **vivre le Carême avec le thème de l'année jubilaire**. Pendant six semaines, nous partirons en pèlerins d'espérance à la rencontre de celui qui est la porte et qui donne la vie en abondance : « Si quelqu'un entre en passant par moi, il sera sauvé », nous dit le Christ.

Nourrissez votre vie de foi à travers des rencontres, des prières, des chants, des conseils, des activités à faire et à vivre seul ou en famille.

Ce magazine, **richement illustré**, est accompagné d'un journal de bord pour vous accompagner sur votre **chemin de Carême**.

84 pages + 1 journal de bord de 48 pages

Format : 19,5 x 23 cm • Prix : 10 € • Bon de commande au dos ▶▶

BON DE COMMANDE Prions en Église

à compléter/renvoyer accompagné de votre règlement sous enveloppe affranchie à : **Bayard - *Prions en Église* - TSA 70014 - 93539 Aubervilliers CEDEX.**

Article	Réf.	Prix unit.	Qté.	Prix total
Le hors-série *Pâques 2025*	FKH0599	**10 €**		€
• Ma commande ne comporte qu'un exemplaire, la livraison est à **2,95 €** • Ma commande comporte plusieurs exemplaires, la livraison est à **5,90 €** • Dès 49 € d'achat, la livraison est à **1,00 €**				€
			Montant total	€

COORDONNÉES ☐ Madame ☐ Monsieur Merci d'écrire en lettres CAPITALES B172824

Prénom

Nom

Complément d'adresse (résid./Esc./Bât.)

N° et voie (rue/Av./Bd...)

Code postal Ville

Date de naissance J J M M A A A A Téléphone

E-mail @ .

Pour recevoir, conformément à la loi, la confirmation de votre abonnement et correspondre avec vous par courriel

Règlement par chèque réglable en France à l'ordre de « Bayard » ou :

En **librairie** | Par tél. au **01 74 31 15 09** Appel non surtaxé • Code offre B172824 | Sur **librairie-bayard.com/hspaques2025**

Offre valable jusqu'au 30/04/2025 en France métropolitaine uniquement. Visuels non contractuels. À l'exception des produits numériques ou d'offre de service, vous disposez d'un délai de 14 jours à compter de la réception de votre produit pour exercer votre droit de rétractation en notifiant clairement votre décision à notre service client. Vous pouvez également utiliser le modèle de formulaire de rétractation accessible dans nos CGV. Nous vous rembourserons dans les conditions prévues dans nos CGV. Pour en savoir plus : https://librairie-bayard.com/cgv. Bayard s'engage à la livraison de vos produits dans un délai maximum de quatre (4) semaines après enregistrement du règlement de votre commande. Ces informations sont destinées au groupe Bayard, auquel *Prions en Église* appartient. Elles sont enregistrées dans notre fichier à des fins de traitement de votre commande. Conformément à la loi « Informatique et Libertés » du 06/01/1978 modifiée et au RGPD du 27/04/2016, elles peuvent donner lieu à l'exercice du droit d'accès, de rectification, d'effacement, d'opposition, à la portabilité des données et à la limitation des traitements ainsi qu'à connaître le sort des données après la mort à l'adresse suivante : Bayard (CNIL), TSA 10065, 59714 Lille CEDEX 9. Pour plus d'informations, nous vous renvoyons aux dispositions de notre Politique de confidentialité sur le site groupebayard.com. Votre nom associé à vos coordonnées postales et téléphonique sont susceptibles d'être transmises à nos partenaires (éditeurs, associations, vente par correspondance...), si vous ne le souhaitez pas cochez cette case [ ]. Nous vous informons de l'existence de la liste d'opposition au démarchage téléphonique « Bloctel », sur laquelle vous pouvez vous inscrire ici : https://www.bloctel.gouv.fr/

Informations communiquées sous réserve de modifications. Renseignez-vous avant de vous rendre aux endroits indiqués.

LE JOUR DU SEIGNEUR – FRANCE 2 (11 heures)

2/2 Messe en direct de la Belgique.
Prédicateur : *information non communiquée.*

9/2 Église Saint-Jean-Baptiste, Le Vauclin (Martinique).
Prédicateur : Mgr David Macaire, archevêque de Saint-Pierre et Fort-de-France.

16/2 Chapelle de la Fondation du Bocage, Chambéry (73).
Prédicateur : P. Vincent Cabanac, assomptionniste.

23/2 Église Notre-Dame de l'Assomption, Noyers-sur-Serein (89).
Prédicateur : P. Édouard Roblot.

FRANCE CULTURE (10 h 05)

2/2 Chapelle Notre-Dame de la Médaille miraculeuse, Paris (VIIe).
Prédicateur : P. Gilles Drouin.

9/2 Chapelle Notre-Dame de la Médaille miraculeuse, Paris (VIIe).
Prédicateur : Fr. Benoît Vandeputte, dominicain.

16/2 Chapelle Notre-Dame de la Médaille miraculeuse, Paris (VIIe).
Prédicateur : P. Brice de Malherbe.

23/2 Chapelle Notre-Dame de la Médaille miraculeuse, Paris (VIIe).
Prédicateur : Fr. Régis Morelon, dominicain.

LIVRES

Marcher avec Dieu

Natalia Trouiller, Olivier de Saint-Martin
Cerf, 192 p.

Quand une journaliste et un religieux dominicain dialoguent. Familiers du pèlerinage du Rosaire, à Lourdes, Natalia et frère Olivier invitent à marcher humblement et assurément avec Dieu. Puisant dans la Bible et en écho avec de nombreux auteurs contemporains, cet ouvrage à quatre mains est un excellent compagnon de route. Pour que chacun trouve ou retrouve sa façon de marcher.

Foi, espérance, charité

Raniero Cantalamessa
Éditions des Béatitudes, 296 p.

Ce traité des vertus (ces grâces selon l'auteur) théologales se présente comme un chemin vers Dieu pour aujourd'hui. De nombreuses, et bienvenues, références à l'art, à la littérature, aux Pères de l'Église, au Catéchisme de l'Église catholique sont autant de repères pour tenir le « neuf et l'ancien ». Avec le souci de transmettre l'héritage commun à tous les croyants en Christ. Stimulant et apaisé.

Les heures décisives

Stéphane Bataillon
Desclée de Brouwer, 168 p.

Journaliste et poète, l'auteur retrace les étapes qui l'ont conduit à demander le baptême chez les protestants. Journal de bord d'un chercheur de sens, le récit s'appuie sur une première retraite à l'abbaye Saint-Guénolé de Landévennec (29) et un temps de jeûne à l'abbaye de Pradines (42). Une écriture sans emphase et inspirée par une longue méditation de la parole de Dieu et des poètes. ■

Robert Migliorini

EXPOSITION

La Résurrection des morts, ange sonnant de la trompe et trois ressuscités sortant de leur tombeau
Notre-Dame de Paris, portail du Jugement dernier, extrémité gauche du linteau, vers 1240.

© Grand Palais RMN (musée de Cluny)/Michel Urtado

Faire parler les pierres – Sculptures médiévales de Notre-Dame

Près de 120 œuvres du décor sculpté médiéval de Notre-Dame de Paris sont exposées au musée de Cluny. S'ajoutent aux collections du musée, dont les célèbres têtes de rois exposées dans la salle « Notre-Dame », les fragments polychromes du jubé du XIIIe siècle mis au jour après l'incendie de la cathédrale et encore jamais présentés au public. Cette exposition révèle les résultats d'un ambitieux programme d'étude et de restauration mené depuis 2022. ■

Hélène Roquejoffre, *Le Monde de la Bible*

Jusqu'au 16 mars 2025 – Musée de Cluny, Musée national du Moyen Âge, 28, rue du Sommerard 75005 Paris – www.musee-moyenage.fr

NOS ACTUS

Hors-série Pâques 2025

Vivez le jubilé avec notre hors-série Pâques 2025. En pèlerins d'espérance, partez à la rencontre de celui qui est la porte et qui donne la vie en abondance : « Si quelqu'un entre en passant par moi, il sera sauvé », dit le Christ. Avec ce hors-série, vous nourrissez votre vie de foi à travers des rencontres, des prières, des chants… Offert, un journal de bord vous accompagne chaque jour du Carême. ■ **Amandine Boivin**

Compris dans votre abonnement, disponible en librairie ou sur : librairie-bayard.com/paques2025

CD

André Campra Messe de Requiem

Les Maîtres de Notre-Dame de Paris

Ensemble Correspondances, S. Daucé, Harmonia Mundi

Avec le très beau Requiem de Campra (1723), l'ensemble Correspondances met en lumière des œuvres de compositeurs du XVIIe siècle qui l'ont précédé dans la charge de « maître de musique » à Notre-Dame de Paris : Jean Veillot, François Cosset et Pierre Robert.

Lourdes : chants 2025

« Avec Marie, pèlerins d'espérance »

Bayard Musique

Le thème pastoral de Lourdes 2025 rejoint naturellement celui du jubilé. Avec ce CD (accompagné du livret de partitions) vous trouverez les chants (dont une messe) composés pour l'occasion et enregistrés à Lourdes avec Isaia Ravelli, le nouvel organiste titulaire du sanctuaire. ■

Dominique Pierre

NUMÉRIQUE

Les maladies spirituelles vues par les Pères du désert

À l'occasion du dimanche de la santé, le 9 février, voici un parcours sur les maladies spirituelles. Pour les Pères du désert, aux côtés des pathologies du corps et du mental, il existe des affections liées à la vie spirituelle. Jean-Guilhem Xerri nous invite à les redécouvrir et à les nommer, pour mieux y faire face grâce aux « apophtegmes » de ces pionniers de la vie monastique. ■

Frédéric Pascal

Disponible sur l'application et le site internet de *Prions en Église.*

Informations communiquées sous réserve de modifications.

Grand Nord-Ouest

ANGERS (49)

DU VENDREDI 31 JANVIER AU DIMANCHE 2 FÉVRIER

Retraite

Week-end « Reprendre souffle » sur mesure, avec sœur Marie-Véronique de La Chapelle et Jean-Marc Liautaud au tiers lieu L'Esvière. Temps d'animation à la carte (marche dans la nature, ateliers d'expression artistique, jardinage, célébrations…).

02 41 87 33 64
site.esviere@fondacio.fr
esviere-fondacio.fr

ÉPERNON (28)

SAMEDI 8

Session

« Apprendre à prier avec les psaumes », de 9 h 30 à 18 heures au prieuré Saint-Thomas. Retrouver la source de la prière personnelle grâce aux psaumes et la sanctification de la journée par la liturgie des Heures.

02 37 83 60 01
reservation@prieure-saint-thomas.fr
www.prieure-saint-thomas.fr

GUICLAN (29)

SAMEDI 22

Rencontre

Rendez-vous avec la Bible organisé par l'association Bible et Lecture Bretagne, sur le thème « Afin que vous portiez du fruit » (Jn 15, 16), à 14 heures au Centre missionnaire Saint-Jacques.

02 98 68 72 76
06 25 58 45 52
bl-bretagne@bible-lecture.org

Grand Nord-Est

NOGENT-SUR-OISE (60)

SAMEDI 1ER

Rencontre diocésaine

Après-midi consolation à l'église Sainte-Maure-et-Sainte-Brigide, de 14 heures à 17 heures. « Venez à moi, vous tous qui peinez sous le poids du fardeau et moi je vous procurerai le repos » (Mt 11, 28). Au programme : louange, enseignements, adoration, confessions et prière. Avec Mgr Jacques Benoit-Gonnin.

consolation@oise-catholique .fr
https://oise.catholique.fr

DIJON (21)

MARDI 4

Retraite

Les pères de l'Oratoire …

… proposent une retraite d'un jour sur « La diversité dans l'Église » : « Parmi vous, il n'y a pas beaucoup de gens puissants ou de haute naissance » (1 Co 1, 26). De 9 h 30 à 16 heures, à la Maison diocésaine.
03 80 38 18 85
mp.barnay@gmail.com
www.diocese-dijon.com

TROYES (10)

DU VENDREDI 21 AU DIMANCHE 23

Week-end

Week-end « Révèle-toi ! », pour étudiantes et jeunes professionnelles sur le thème « Faire la volonté de Dieu ? ».
03 25 73 25 63
jeunes.soeursoblatesdesfs.com/revele-toi

Grand Sud-Ouest

POITIERS (86)

JEUDI 6

Table ronde

Soirée « Fin de vie, soins palliatifs : où en est-on ? », de 20 heures à 22 heures, à la maison Saint-Hilaire. Avec Alain Claeys, spécialiste de bioéthique, Laurent Montaz, chef du service soins palliatifs au CHU de Poitiers, et Roger Gil, docteur en médecine et docteur en théologie, Inscription obligatoire.
05 49 60 63 03
poleformation@poitiers-catholique.fr
www.poitiers.catholique.fr

LIMOGES (87)

DU SAMEDI 15 AU DIMANCHE 23

Exposition

La cathédrale Saint-Étienne accueille une exposition itinérante sur la Sainte Tunique d'Argenteuil, en prélude à son ostension. Organisée en trois chapitres – selon l'histoire, selon la science et selon les Évangiles –, cette exposition offre un éclairage sur cette relique.
saintetunique.com/lostension

PAU (64)

MARDI 18

Prière

Prière mensuelle itinérante œcuménique, organisée par le Groupe œcuménique de Pau et accueillie par l'Église orthodoxe de France (au 5 bis rue Carrère). 18 h 30 : répétition des chants. 19 heures : prière. 20 heures : repas partagé.
05 59 59 16 88 – diocese64.org

Grand Sud-Est

ORCINES (63)

SAMEDI 1ER

Ressourcement

Une journée de ressourcement, de 11 heures à 17 heures, organisée par l'Institut séculier Notre-Dame de Vie, à la maison d'accueil de Pignolet. Vivre un temps de repos pour le corps, l'âme et l'esprit, à travers la prière, l'écoute de la Parole, la randonnée, le jardinage...

04 73 62 10 22

www.pignolet.org

MEYLAN (38)

VENDREDI 7

Journée biblique

« Le livre de Job ». Une journée pour voir comment ce livre ...

ZOOM

Neuvaine de prière à Notre-Dame de Lourdes

Depuis près de cent ans, le Pèlerinage national de l'Assomption propose, du 3 au 11 février, une neuvaine de prière à Notre-Dame de Lourdes rassemblant des milliers de fidèles. « Cette neuvaine est avant tout un rendez-vous annuel qui favorise une communion de prière entre les personnes porteuses de handicap ou malades, les hospitaliers et les pèlerins de Lourdes. Le don demandé pour recevoir l'image de l'année avec la prière contribue significativement à financer la participation des malades au Pèlerinage national. Sans ces dons, plus de la moitié d'entre eux ne pourraient se rendre à Lourdes ! Grâce à cette formule, chaque don est porté par un élan de prière. C'est une véritable grâce ! », explique le père Sébastien Antoni, directeur du Pèlerinage national. Le prochain pèlerinage se déroulera du 11 au 16 août 2025 sur le thème « Regarde l'étoile ». ■ **Xavier Jaricot**

Pour commander le signet de la neuvaine : Pèlerinage National – Neuvaine 63, avenue Denfert-Rochereau 75014 Paris, ou sur : https://boutique.pelerinage-national.org

… approche la question de la souffrance et du malheur et voir sa fécondité dans l'art et la littérature.
04 76 41 62 70
contact@ctm-grenoble.org
ctm-grenoble.org

MARSEILLE (13)

DU SAMEDI 22 AU MERCREDI 26

Retraite

Initiation aux Exercices spirituels de saint Ignace sur quatre jours avec un accompagnement spirituel, au centre Notre-Dame du Roucas.
04 91 52 60 39
roucas.chemin-neuf.fr

Île-de-France

CRÉTEIL (94)

DIMANCHE 2

Grand jeu

« La quête de la lumière » à la rencontre des communautés du diocèse. Arrivée à la cathédrale à 16 heures, conclusion du jeu et crêpes. À 17 heures, vêpres et fête de la lumière.
catholiques-val-de-marne.cef.fr

RUEIL-MALMAISON (92)

DIMANCHE 2

Rencontres

Les communautés Foi et Lumière d'Île-de-France-Ouest se réunissent pour une journée de fête sur le thème « Lumières pour éclairer les nations ». Journée ouverte aux personnes qui souhaitent découvrir le mouvement.
foietlumiere@gp78600.com

DOURDAN (91)

DU VENDREDI 7 AU DIMANCHE 9

Week-end

Parcours pour couples en difficulté qui débute par un week-end à Notre-Dame de l'Ouÿe, organisé par l'association Retrouvaille.
06 65 70 65 39
contact@retrouvaille-coupleencrise.fr
www.retrouvaille-coupleencrise.fr

ENVOYEZ VOS RENDEZ-VOUS À L'AGENDA DE PRIONS EN ÉGLISE : Merci d'envoyer les informations nécessaires 3 mois avant l'événement, sans engagement de publication par la rédaction, à : *Prions en Église*, Agenda, 18 rue Barbès, 92120 Montrouge, ou par e-mail : *prionseneglise@groupebayard.com*

Prions en Église 18, rue Barbès,
www.prionseneglise.fr 92128 Montrouge Cedex.

▶ **POUR CONTACTER LE SERVICE CLIENT : 01 74 31 15 01** – service.client@groupebayard.com
(Préciser : nom + adresse postale + « concerne Prions en Église ».)

▶ **POUR VOUS ABONNER : 01 74 31 15 01** – www.librairie-bayard.com
Bayard, Prions en Église, TSA 60007, 59714 Lille Cedex 9

▶ **POUR CONTACTER LA RÉDACTION :** prionseneglise@groupebayard.com

Directeur de la publication : François Morinière. Rédaction : Karem Bustica (rédactrice en chef), Dominique Pierre (rédacteur en chef délégué), Pomme Mignon (rédactrice en chef adjointe visuel, directrice artistique), Frédéric Pascal (rédacteur en chef adjoint), Armelle Gabriel (assistante), Nicolas Crouzier (secrétaire général de la rédaction), Jean-Baptiste Deau, Cécile Toussaint (1ers secrétaires de rédaction), Laurent Sangpo, Pascal Redoutey (rédacteurs graphistes), Ania Biszewska (rédactrice photo), Sébastien Antoni (chef de grande rubrique), Anne-Quitterie Jozeau, Geneviève Pasquier (rédactrices). A participé : Thibault Van Den Driessche. Marketing éditeur et développement : Amandine Boivin. Marketing diffusion et abonnement : Aurore Bertrand (directrice), Sandrine Dos Santos (chef de marché). Directeur des terrains catholiques : Cédric Bloquet. Voyages lecteurs : Corinne Miguel. Contrôle de gestion : Tonnumy Ai. Fabrication : Grégory Cervantes. Impression : Maury SAS, Z.I. Route d'Étampes, 45330 Malesherbes. Textes liturgiques : © AELF. Chants : © Éditeurs. © Bayard et Novalis. Reproduction interdite sans autorisation. *Prions en Église* est édité par Bayard, société anonyme à Directoire et Conseil de Surveillance au capital de 16 500 000 €. Actionnaires : Augustins de l'Assomption (93,7 % du capital), SA Saint-Loup, Association Notre-Dame de Salut. Directoire : François Morinière (président et directeur de la publication), Dominique Greiner (directeur général). Président du Conseil de Surveillance : Hubert Chicou. Dépot légal à parution. CPPAP : 0425K86471 - ISSN : 0383-8285. Belgique et Luxembourg : Bayard Presse Bénélux, Da Vincilaan, 1 – 1930 Zaventem. Tél. : 0800 250 38 (de Belgique, gratuit) ou 800 29 195 (du Luxembourg). Web marché chrétien : librairie-bayard.com. Suisse : Asendia Press Edigroup SA, Chemin du Château-Bloch 10, 1219 Le Lignon. Tél. : 00 41 22 860 84 02. Mail : abobayard@edigroup.ch

PEFC 10-31-1282
Certifié PEFC
Ce produit est issu de forêts gérées durablement et de sources contrôlées.
pefc-france.org

IMPRIM'VERT

***Prions en Église* agit pour l'environnement**
Origine du papier : Suède. Taux de fibres recyclées : 0 %. Origine des fibres : papier issu de forêts gérées durablement. Impact sur l'eau : PTOT 0,005 kg/T

FR

Ce numéro comporte :
Sur la totalité de la diffusion : encart posé "Prions en Église Junior" offre d'abonnement.

L'App #1 en France
pour la prière et la méditation

- **Prier** avec les lectures du jour
- **Comprendre et méditer** la Bible
- **Personnaliser** sa prière

Télécharger dans l'App Store
DISPONIBLE SUR Google play

Bulletin d'abonnement

OUI, je m'abonne à *Prions en Église*
Je recevrai le hors-série *Pâques 2025* **EN CADEAU**

GRELHS0128

ÉDITION	POCHE (13 x 11,9 cm) PRI	GRAND FORMAT (16 x 14,6 cm) PRI	
PRÉLÈVEMENT MENSUEL Uniquement par internet	4,90 €/mois	5,75 €/mois	+ un accès à tous les contenus du site et de l'application
PAIEMENT COMPTANT	1 an (12 nos) ☐ 59 €	1 an (12 nos) ☐ 69 €	
	2 ans (24 nos) ☐ 105 €	2 ans (24 nos) ☐ 115 €	
	Étudiant 1 an ☐ 29,95 €*		

PAR COURRIER Renvoyez ce bulletin accompagné de votre chèque payable en France libellé à l'ordre de « Bayard » à l'adresse suivante : **Bayard - TSA 40020 - 93539 Aubervilliers CEDEX**

PAR INTERNET sur **librairie-bayard.com/abopri** (paiement 100 % sécurisé)

COORDONNÉES ☐ Mme ☐ M. Prénom

Nom A177577

Complément d'adresse (résid./Esc./Bât.)

N° et voie (rue/Av./Bd...)

Code postal Ville

Pays Date de naissance J J M M A A A A

Tél. E-mail

☐ J'accepte de recevoir les informations de Bayard par SMS

Pour recevoir la confirmation de votre abonnement, nos newsletters et correspondre avec vous par courriel

RENSEIGNEMENTS POUR LES ABONNEMENTS HORS FRANCE MÉTROPOLITAINE

		DOM-TOM & UE	AUTRES PAYS	BELGIQUE	SUISSE
Téléphone		(33) 174 311 501		02 808.09.85**	(022) 860 84 02
POCHE	1 an	62 €	68 €	Renseignez-vous sur les tarifs et abonnez-vous par téléphone	
	2 ans	111 €	123 €		
GRAND FORMAT	1 an	72 €	78 €		
	2 ans	121 €	133 €		

*Uniquement en France métropolitaine. Cette offre ne contient pas de cadeau. Joindre une photocopie de la carte d'étudiant.

**Appel gratuit

Offre valable jusqu'au 30/04/2025 pour tout 1er abonnement. Si vous vous abonnez au-delà du 02/03/2025, alors vous recevrez un autre hors-série. Visuels non contractuels. Bayard s'engage à la réception du 1er numéro dans un délai de 4 semaines au maximum après enregistrement du règlement. Vous disposez d'un délai de 14 jours à compter de la réception du 1er numéro de votre magazine pour exercer votre droit de rétractation en notifiant clairement votre décision à notre service client. Vous pouvez également utiliser le modèle de formulaire de rétractation accessible dans nos CGV. Nous vous rembourserons dans les conditions prévues dans nos CGV sur : https://librairie-bayard.com/cgv. Ces informations sont destinées au groupe Bayard, auquel *Prions en Église* appartient. Elles sont enregistrées dans notre fichier à des fins de traitement de votre abonnement. Conformément à la loi « Informatique et Libertés » du 06/01/1978 modifiée et au RGPD du 27/04/2016, elles peuvent donner lieu à l'exercice du droit d'accès, de rectification, d'effacement, d'opposition, à la portabilité des données et à la limitation des traitements ainsi qu'à connaître le sort des données après la mort. Votre adresse mail sera utilisée pour vous envoyer les newsletters que vous avez demandées ou dont vous bénéficiez en tant que client. Vos coordonnées postales et téléphoniques pourront être utilisées à des fins de prospection commerciale par Bayard. Votre nom associé à vos coordonnées postales et téléphoniques sont susceptibles d'être transmises à nos partenaires (éditeurs, associations, VPC...). Vous pouvez vous opposer à la prospection commerciale en vous connectant à https://www.groupebayard.com/fr/contact ou en envoyant votre demande à : Bayard (CNIL), TSA 10065, 59714 Lille CEDEX 9. Pour plus d'informations, nous vous renvoyons aux dispositions de notre Politique de confidentialité sur le site groupebayard.com. Nous vous informons de l'existence de la liste d'opposition au démarchage téléphonique « Bloctel », sur laquelle vous pouvez vous inscrire ici : https://www.bloctel.gouv.fr